南开大学学生日常思想政治教育工作丛书

辅导员谈心谈话案例集

马丽娇◎主编
相羽　翟洋洋◎副主编

南开大学出版社
NANKAI UNIVERSITY PRESS
天　津

图书在版编目(CIP)数据

辅导员谈心谈话案例集 / 马丽娇主编 ; 相羽, 翟洋洋副主编 . -- 天津 : 南开大学出版社, 2025. 5.
(南开大学学生日常思想政治教育工作丛书). -- ISBN 978-7-310-06735-0

Ⅰ. G645.1;G444

中国国家版本馆CIP数据核字第2025DN9103号

辅导员谈心谈话案例集

FUDAOYUAN TANXIN TANHUA ANLIJI

南开大学出版社出版发行

出版人:王　康

地址:天津市南开区卫津路94号　　邮政编码:300071

营销部电话:(022)23508339　　营销部传真:(022)23508542

https://nkup.nankai.edu.cn

天津创先河普业印刷有限公司印刷　　全国各地新华书店经销

2025年5月第1版　2025年5月第1次印刷

240×170毫米　16开本　16印张　2插页　242千字

定价:89.00元

南开大学学生日常思想政治教育工作丛书
编辑委员会

辅导员谈心谈话案例集
编委会

序　言

教育强国是新时代教育的核心课题，是实现中华民族伟大复兴的基础工程和推进中国式现代化的重要支撑。习近平总书记在全国教育大会上强调，要紧紧围绕立德树人根本任务，朝着建成教育强国战略目标扎实迈进。会议指出，我们要建成的教育强国应当具有强大的思政引领力，要形成固本铸魂的思政教育体系，这进一步突显了思想政治教育工作的核心地位。

铸魂育人是辅导员的根本任务和光荣使命。辅导员作为大学生思想政治工作的骨干力量，是高校学生日常思想政治教育和管理工作的组织者、实施者、指导者，工作职责涵盖思想理论教育与价值引领、党团和班级建设、学风建设、日常事务管理、心理健康教育与咨询、就业创业与职业生涯指导、网络思想政治教育、危机事件应对、理论与实践研究九大方面。在开展具体工作过程中，谈心谈话是辅导员的必备技能和重要法宝，是辅导员作为"倾听者"和"引路人"双重角色的有效载体，不仅是解决学生具体问题的有效手段，更是实现思想引领和价值塑造的重要途径，将立德树人要求融入日常工作中，贯穿于学生成长成才的全过程。通过谈心谈话和深入沟通，辅导员能够针对学生的个性特点和具体问题，提供个性化的指导和帮助，用真情感染学生，用温暖打动学生，让教育成为有温度可感知的事业。

南开大学辅导员谈心谈话能力提升实训实验室是我校辅导员队伍建设、辅导员谈心谈话能力提升、大学生思想政治教育工作质量和水平提升的重要平台。2022年4月，辅导员谈心谈话能力提升实训实验室正式成立，来自全校12个学院的23名辅导员组成了实训实验室核心团队，由曾获全国辅导员年度人物提名奖的马丽娇同志担任牵头人。团队组建日常工作组，制定建设方案，围绕三大建设任务——辅导员谈心谈话工作技巧教材编写、辅导员谈心谈话能力提升培训交流和日常谈心谈话工作支持指导开展工作。南开大学辅导员谈心谈话能力提升实训实验室成立两年多以来，不断加强各类培训资源的分享和推送，开展了辅导员谈心谈话模拟实训、辅导员认证培训、案例编写分享等活动，显著提升了辅导员谈心谈话的业务能力和工作实效，真正为学生解决更多的实际困难和问题。至2023年初，实训实验室申报天津市普通高等学校辅导员工作室并获审批立项，为实训实验室的加快发展提供了更有力的指导和支持。

本书案例源于我校辅导员一线工作的真实场景，涵盖思想理论教育与价值引领、学风建设、学生日常事务管理、校园危机事件应对、职业规划与就业指导、心理健康教育与咨询六个方面，每篇案例包括案例背景、谈心谈话准备与思路、谈心谈话过程、案例思考总结四部分内容，其中主干内容以辅导员与学生对话的方式原汁原味地进行呈现，生动展现了辅导员运用谈心谈话方法解决实际问题，进行思想引领的真实情景，具有鲜明的实践价值。例如，在帮助学业困难学生时，辅导员不是简单地提供建议，而是通过深入谈心了解学生背后故事，找到问题症结，制定个性化的帮扶方案，最终帮助学生重拾信心，顺利完成学业。书中提供的案例有多篇涉及处理突发事件和危机干预的谈心对话，对于辅导员处理复杂棘手问题也具有较强的实际参考价值。

谈心谈话作为辅导员思想政治工作的传统法宝，在新时代更彰显出其独特价值。本书努力继承发扬中国共产党百年思想政治工作的优良传统，特别是延安时期“启发式”“交友式”谈话传统，将习近平总书记强调的“精准滴灌”育人理念进行鲜活诠释。本书不仅呈现了具体案例，还提炼了谈心谈话的方法，从谈话前的准备到谈话中的技巧运用，从谈话后的跟踪落实到长效机制的建立，形成了一套完整的谈心谈话工作体系。这些经验方法的总结和工作体系探索，既可以为新手辅导员提供工作指南，也可以为资深辅导员提供参照借鉴。

春风化雨润心田，润物无声育英才。谈心谈话工作是对高校育人工作的真实写照。本书不仅是有助于提升辅导员谈心谈话能力技巧的工具书，而且也是了解当代青年大学生思想动态和群体特征的微观窗口。本书充满人文关怀，每一个案例对话深处，都是心灵与心灵的共振，蕴含着“围绕学生、关照学生、服务学生”的理念。在案例中，有辅导员通过严慈并济的话语，帮助一名沉迷网络游戏的学生端正学习态度，明确个人发展方向；也有辅导员通过耐心细致的思想工作，化解了学生宿舍矛盾，促进了和谐校园建设；还有辅导员通过持续深入的谈心谈话，帮助因失恋出现心理危机的学生走出痛苦，重新面对新生活。新时代对辅导员谈心谈话工作提出了更高要求。面对价值观念多元、利益诉求多样、个性特征鲜明的“00后”大学生，辅导员需要不断提升谈心谈话的能力和水平。要善于运用心理学、教育学、社会学等多学科知识，提高谈话的科学性和有效性；要善于运用新媒体新技术和人工智能工具，创新谈话方式方法；要善于总结经验教训，形成可复制可推广的工作模式，本书在这些方面都做出了积极回应。

展望未来，随着“三全育人”综合改革深入推进，新时代立德树人工程全面实施，辅导员谈心谈话工作将继续在促进学生健康成长、全面发展中发挥不可替代的作用。我们期待更多辅导员能够从本书中汲取智慧，在实践中不断提升谈心谈话工作水平，为培养德智体美劳全面发展的社会主义建设者和接班人作出新的更大贡献。

本书凝聚了众多南开大学一线辅导员的智慧和心血，是大家宝贵经验和集体智慧的结晶，也是学校辅导员队伍建设成果的一个生动缩影。在此，我要向所有参与案例编写的辅导员表示衷心的感谢，向长期奋战在思政一线的全体辅导员致以崇高的敬意！相信大家会以本书出版为契机，继续探索总结谈心谈话工作的新特点新规律，为新时代高校思想政治工作注入新的活力。

南开大学党委副书记　牛文利

2025年4月3日

Contents |目　录|

思想理论教育与价值引领

『我可以成为一名优秀的党员骨干』

案例撰写人　马丽娇

案例背景

小L同学是学院的一名博士生党支部书记，该党支部在成立之初，各项工作开展得比较顺利，也能按照要求开展好理论学习和主题党日活动。博士二年级时，学院发现该支部有时不能按时完成各项工作，小L同学也向辅导员反馈，支部同学们的科研学习任务比较重，大家都忙于写论文，组织支部活动遇到了一些困难，同时小L同学也向辅导员表达出自己不想再继续担任党支部书记的想法。辅导员决定约小L同学面对面谈心交流一次，一方面充分了解一下目前该党支部工作中遇到了哪些困难，支部党员们整体的状态，另一方面也了解一下小L同学为什么会有不想继续担任党支部书记的想法，希望通过谈心交流发现问题，帮助该党支部和小L同学解决困难，进一步提升该党支部的建设水平，同时也提升支部党员的培养质量。

谈心谈话准备和思路

进入博士二年级后，辅导员发现该博士生党支部的工作出现了一些问题，因此这次谈话的目标是要了解该支部工作中问题的出现是源于支部成员学习科研重等客观因素，还是党支部书记小L同学主观思想上出现了波动和问题。为了更加客观地与小L谈心交流，做好谈心谈话之前的准备，辅导员先在支部中做了一些调研，选取了一些党支部成员了解情况，让他们对党支部的工作和党支部书记做评价。得到的反馈显示，支部党员对党支部书记的工作态度还是非常认可的，都认为小L同学有责任心，工作也很认真负责，但是党支部成员基本上都反馈目前的学习科研任务重，大家感到压力比较大，确实参与支部活动的积极性不是很高。在做了调研后，辅导员初步判断小L同学也是因为自身学习科研任务重以及开展工作比较困难才有了不想再担任党支部书记的想法，因此辅导员认为此次谈话的重点在于做通小L同学的思想工作，并给予其一些具体的工作方法指导，以达到良好的谈话效果。

谈心谈话过程

辅导员：来，小L请坐。最近学习还顺利吗？

小L：老师好。最近还行吧，我的论文选题遇到了一些问题，还在和导师讨论。

辅导员：论文的事也不能太着急，多和导师沟通，都会有这样一个反复讨论的过程。是不是感觉论文的压力有点儿大了？

小L：是有点儿，不过还好，老师您放心吧，我会好好和导师沟通的。

辅导员：嗯，我相信你能搞定的！你肯定都猜到我今天为啥找你了吧，这学期你们支部有两次提交材料都晚了，我看你们也还没有开展主题党日活动，能和老师说说是怎么回事吗？

小L：老师，您是了解我的，我属于比较乐观的人但都感到论文压力挺大的，读书的任务确实比较重，支部党员都如此，组织活动时总有人请假，我也挺无奈的，大家都说了各种理由,我也不能强迫大家吧……老师,我挺想把工作做好的,我也怕耽误了党支部的工作,最近我心里也挺纠结和矛盾的,要不您让更有能力的同学来做支部书记吧,我也可以做支部委员,协助支部书记工作。

辅导员:今天约你来,就是想说这个事情。博一入学的时候,支部大会你竞选党支部书记时说的话,我到今天仍然记得,你说想为党员们服务,让你们党支部成为党员们的家,当时很多党员都给你鼓掌了,你还记得吗?

小L没说话,沉默了一会儿。

辅导员:我相信你是记得的,当时我也被你的热情感染了,你是全票当选的党支部书记,对吧?去年一年的工作,你们支部完成得很不错,我认为这就是你这位支部书记能力好、责任心强的表现。而且我不瞒你说,我和你们支部很多党员都交流过,大家都特别认可你的工作,都说你认真负责任,你看,你的付出,同学们是看在眼里的。现在,支部工作遇到困难了,你就有点儿想退缩了吗?

小L:老师,今年的情况不一样啊,大家都太忙了。

辅导员:嗯我知道,大家的科研压力确实都很大,工作也不好开展,但是越是困难才越是组织考验我们的时候啊!有一句话不是说吗,当你前进的道路感到困难时,说明你在爬坡,人都是在经受磨练中成长起来的,作为党员,尤其是党员骨干,更应该迎难而上,你说呢?

小L:嗯,老师您说得有道理,最近论文选题的事弄得我有点儿烦躁,再加上有一次让大家参加支部学习,请假的人特别多,我就有点儿生气,想想干脆不干了。

辅导员:小L,你要明白,作为一名党员骨干,我们一定要起先锋模范作用,现在党支部的同学们都到了科研压力比较大的时候,这也正是需要党支部给大家支持和帮助的时候,你如果这时候不做了,大家会怎么看咱们的学生党员和党员骨干?这点儿苦都吃不了,谈什么为共产主义奋斗终身呢?

小L:老师,我确实有点儿欠考虑了,有点儿冲动了,我其实还是想要做好这个党支部书记,就是有时候组织活动,感觉大家参与的热情也不是很高,有点儿受打击。

辅导员:你工作有热情,也有责任心,这点我必须表扬你,但是博士们年龄大,学习任务重,确实有这个群体的一些独特性。党员的教育培养必须严格按照要求来,我们的"三会一课"必须不打折扣地开展,但是形式和内容我认为要创新,你呀,要多和支部党员一对一地沟通交流，听听大家的心声，对于那些积极性不高的同学，要适当给他们安排一些活动任务，比如理论学习的时候，让他们领读或做一些深度的解读，这样就能调动大家的积极性了。而且党建工作与我们的学习研究也有很多的契合点，党支部的作用不仅仅是思想引领，也要服务党员的发展，所以要调研大家的需求，有针对性地开展支部活动。

小L：好的老师，那我可以制定一些我们支部的规章制度吗？

辅导员：可以呀，你的想法很好，但是这个制度一定要获得全体党员的认可，形成共识，这样才能为你们支部工作的顺利开展保驾护航。

小L点了点头。

辅导员：小L，你要相信自己，一定能做好支部的带头人。工作中遇到困难是正常的，以后你也会毕业，走向社会，成立家庭，成为一名顶天立地的男子汉。但是你会发现，工作生活中会不断遇到新的挑战和困难，现在党支部工作遇到的难点，你就当是对你的考验，如果这次能在压力中处理好复杂的学习和工作关系，我坚信，未来你也能够处理好生活和工作中的各种困难，成为一名真正优秀的青年。

小L：谢谢老师，我会努力的。

辅导员：好样的！不过你放心，你说的情况，我也会帮助你的，下周安排一次党支部大会，我亲自安排，给你们支部全体党员做动员和思想工作，我也会请咱们研究生教学副院长给大家做一些科研指导，给大家缓解缓解压力，也为你将来工作的开展做好动员。

小L：那太好了老师。

辅导员：哈哈，以后遇到困难和烦心事，一定要及时和我说，我会尽力帮助你的，但是一定要记住，你是一名党员骨干，一定要发挥好模范作用，党支部更要发挥战斗堡垒作用，我们的每一名党员都发展好，才有更多同学积极向党组织靠拢。

小L点了点头。

辅导员：今天我说得比较多，你虽然说得不多，但是你遇到的困难我都了解，也能感受到你想要做好支部工作的心，办法一定比困难多，只要你的思想不动摇，一切困难咱们都能克服。

小L：老师，我明白，今天和您聊聊，心里舒畅了不少，您放心，我不会动摇，以后遇到什么工作或学习上的困难我会多和您沟通的。

辅导员:太好了,加油!

案例思考总结

这个案例是比较典型的党员骨干培养的问题。这次谈心谈话比较顺利,初步解决了小L同学的思想问题,主要是从两个方面进行的。一是辅导员及时对小L同学一年多来的工作给予表扬和肯定,谈话前辅导员还做了支部调研,大家都比较认可小L同学的工作,这对恢复小L同学的工作信心起到了积极的促进作用;二是辅导员给予了小L一些具体的工作指导,如调研支部党员的需求,支部活动的形式和内容要与同学们的学习成长紧密结合,服务党员发展,同时辅导员会亲自组织一次支部活动,邀请专业教师给同学们做科研指导,并做好支部成员的思想工作,这些都为小L未来工作提供了积极的支持和保障,打消了小L同学工作中的一些顾虑。总的来说,就是既积极鼓励帮助小L提升信心,又提供具体的工作指导帮助小L解决工作困难,进而达到良好的谈心谈话效果。

这类案例在辅导员的工作中还是比较常见的,高校的博士生群体年龄大、科研任务重、学习时间紧,开展党支部活动确实存在一些困难,有时甚至出现没有同学愿意担任党支部书记的情况,这就需要辅导员在博士生入学之初就做好党支部的建设工作,引导广大博士生党员坚定理想信念,明确党员责任和义务,加强理论学习,选好支部骨干,一对一谈心交流,做好思想教育,并经常性地关心关注支部建设情况,及时发现问题、解决问题,避免党支部工作出现较大问题后再解决。

这次谈心谈话虽然完成,但辅导员之后的工作还有很多,具体包括以下几方面。一要准备开好党支部大会,做好全体党员的思想教育工作;二要创新思路激发学生党支部的建设活力,可以通过与兄弟院系的交流走访学习先进工作经验;三要调研广大学生党员的学习生活状态,为进一步做好学生党支部的建设提供有力的数据支持;四要加强党员骨干的培养,通过学院学生党校加强对学生党员骨干的工作方法指导,提高学生党员骨干的理论学习能力,提升学生党员骨干的思想觉悟,使其真正在各项工作中起到先锋模范作用。

青春校园 不寻常行为的追问

案例撰写人 相羽

案例背景

小W同学，男，汉族，群众，生源地为少数民族聚居地。大一入学后表示自己家乡人民多具有宗教信仰，认为自己同样有宗教信仰。军训结束后，辅导员发现其在校园内多次穿戴类似某宗教的传统服饰并通过网络上传个人装扮照片，在宿舍内还悬挂宗教饰品，摆放相关用品，在个人朋友圈分享宗教相关内容。该生专业学习热情高，课堂上主动抢答问题，课后对于专业知识及有关的文化等问题不分时段昼夜向老师提问。

谈心谈话准备和思路

针对该生情况，谈心谈话前我多次至学生班级听课观察该生课堂表现，与辅导员、班级骨干了解该生学习生活及日常交往情况，发现该生专业认同度高，学习认真，家庭经济困难，但存在与人相处边界感欠缺、偶有打乱教师授课节奏等问题。研判后我制定了符合该生特点的谈心谈话策略：先与该生建立稳定且信任的师生互动关系，再通过谈心谈话摸查学生思想动态，对于学生行为失范、礼仪规范缺失等问题教育修正，帮助其提升专业认知，厘清课堂学习、学术研究与宗教信仰、宗教行为的区别。

谈心谈话过程

与该生的谈心谈话先后进行十余次，谈心地点包括学生宿舍、上课教室、学院会议室、学校食堂等多个日常生活场景。

建立关系：消除谈话对象的紧张戒备心理，打破心理防线，产生亲近感，选取了一些日常话题切入谈话。

老师：小W同学，刚刚分了专业，你入门感觉怎么样？学习节奏还适应吗？

小W：我特别喜欢这个专业，班级人很少，和同学们相处很愉快，学习起来也很适应。

老师：第一次远离家乡，饮食生活上自己还习惯吗？

小W：气候和食堂的味道我都很习惯，但是天津的物价太高了，这边的食堂东西也都好贵。

老师：你在哪个食堂吃饭？比你家乡物价要高吗？

小W：是的老师，我在老家买件衣服也才二三十元，你看我的这个围巾才12块钱。我基本都在清真食堂吃饭，如果要两个菜就要十几块钱，所以我每次只买一个菜。

老师：你父母是做什么的？家里经济上有困难吗？

小W:老师,我妈妈不在了。我和爸爸生活,他在我们当地一个小工厂打工。一个月两三千块钱。经济上确实不太富裕。

老师:咱们学校有很多勤工助学岗位,如果你有需要可以到学院的办公室来值班,每周两个半天,每月400元钱。此外咱们国家助学金、助学贷款,经济上有困难的学生都可以随时告诉辅导员,提出申请,我们会帮助你解决物质上的后顾之忧的。

小W:那太好了!谢谢老师,如果有资助就帮了我大忙了。

初步入题:靠近谈心主题,但不直接进入谈心谈话的主要内容,引导学生开启自我思考。

老师:你在新生服务网上填写的有宗教信仰,能具体谈谈吗?

小W:是的老师,我们当地大多数人都是虔诚的某教徒,我也是,日常我会严格遵守教义所要求的宗教礼节行为。

老师:你是从什么时间开始信教的?了解具体的教义吗?

小W:我是从初中时期开始的,对宗教教义了解的应该是比较深入的,除了跟我们当地人交流,我也读了很多相关书籍。

老师:你的穿戴让你看起来和其他同学不太一样,你认同吗?

小W:是的老师,但我很喜欢这样。

老师:如果穿普通的衣服你感觉怎么样?

小W:嗯……我认为这样的要求有一种“被冒犯”的感觉。

老师:你以前读初中和高中时也这么打扮吗?

小W:不是的,以前上高中时学校不允许的。

老师:那你现在开始这么打扮了,是怎么考虑的?

小W:我觉得现在是大学生,应该可以有充分的自由了。

老师:在宿舍里看到你放了一些有某种特殊意义的物品,可以聊聊你的想法吗?

小W:老师,我都是放在自己的桌子上的,我想这是私人物品,放在自己私人位置上,是不是应该可以呢?

老师:那天去你们班听课,发现你整节课一直在和精读老师互动,老师每讲一句话你都会有所回应。我跟班里同学了解了一下,你课下在班级微信群里也特别活跃,经常夜里很晚的时候还在问问题。

小W:是的,我觉得要学的东西好多,这个语言也有点儿难,我担心学不好,所以上课时会特别努力地去听去回应老师。课下自己读书时也发现有好多不了解的,我全都想知道,所以经常在群里跟老师提问,只是老师不太经常回应我。

老师:嗯,听你描述能感觉你学习很积极努力,有时得不到反馈有点儿失落。你觉得出现这样的状况是为什么呢?

小W:我也不知道,昨天周末我很努力在复习,学到了夜里快1点,问了十几个问题,我还以为老师会表扬我,但是老师都没有回答我的问题。哎……我确实有点儿难过。

切入正题:经过前期谈心谈话后,师生之间彼此建立了信任关系,可以深入交流,解决中心问题。

老师:小W,老师想郑重跟你谈一下关于你的服饰穿戴、宗教信仰、日常生活以及和老师同学的交往问题。

小W:没问题老师。

老师:我看到你有在提前预习课本中的专业知识,并积极询问班导师课文中的内容,这是特别值得肯定的。同时也看到你经常夜里1点钟,在班级群里@你的专业老师提十几个问题。你觉得老师没有回复你是什么原因呢?

小W:可能老师在忙或者在睡觉,也有可能他就是不想回复我。

老师:你考虑的没错。深夜在微信群里不断向老师提问,不仅可能打扰老师,也会打扰班级同学休息。另外预习中有了问题,带着你的疑问去听课是不是会有更好的学习效果呢?试想,老师如果对你预习中的每一个提问都做细致的解答,等同于她将班级的授课内容提前给你讲一次,是不是一定程度的重复劳动呢?

小W:您说的我大概明白了,我只想到了我的需要,没想到对他人造成的影响。

老师:是的,希望你之后注意自己的沟通方式,在与班导师沟通时给予更多的尊重,把握好老师与学生之间的关系界限,并尽可能地让自己的行为不要影响到周围的同学。

小W:好的,谢谢您,我很小妈妈就离开我了,没人教过我这些,现在我知道了。

老师:此外老师需要跟你讲明,根据我国的宗教政策以及学校的相关管理规定,在校园内都不能穿戴带有明显宗教色彩和宗教标志的服饰,我国实行的是教育与宗教相分离政策,同样在校园里也不能从事宗教活动,更不能传教,也就是说在宿舍区域摆放宗教相关物品或者和同学传教都是不被允许的。我表达的清楚吗?

小W:您这么说,我知道了。我会遵守学校的相关规定的。

老师:那就好。关于你的信仰宗教老师很尊重,同时也提醒你应该在坚守我国宗教政策立场的基础上,学会用马克思主义宗教观来指导学习,通过不断学习到的宗教知识、积极的文化内容对宗教内容进行批判的继承,警惕某些宗教中的极端思想和极端文化。希望你在本科阶段以学业为重,做好长久职业生涯规划。你也可以先考虑一下,下次咱们俩再具体聊聊你的未来规划。

小W:谢谢您给我的建议!我会认真思考的。

案例思考总结

经过多次谈心谈话教育引导,学生有了较大改观,主动表示接受老师批评、教育与提醒,拥护党的政策,遵守国家法律和校规校纪,校正自己过去的不当言行,承诺在校期间将不再进行宗教相关活动,努力学习。在多次谈心谈话过程中,我也曾在食堂与该生共同吃午餐,帮助该生解决经济上的困难,从学业帮扶、生涯规划等多个方面,帮助学生厘清思想困惑,解决学生实际困难,这些其他层面的工作也对谈心谈话的实效性起到重要作用。经过一段时间观察,班级骨干、班导师、专业老师也表示,学生的上课状态及行为表现均有所好转,还主动参加了学院组织的戏剧节等活动,未再发现有明显异常的宗教行为,日常生活中也不再穿戴宗教服饰。一学年后,该生专业课成绩进入班级前30%,并参与学校组织的“坚定中国信仰”红色文化育人暑期专项实践活动等。

明事、明理、明心：一次针对不实举报的谈话教育

案例撰写人　杨晓晶　霍菲　李怡青

案例背景

在一次校级奖学金评审公示期内，有一名综合考评结果排名靠前的同学被匿名举报，且举报内容经查证不属实。经过对举报内容、参评同学情况以及同学之间关系等多重因素分析研究后，学院锁定了一名最有可能性的“举报人”小A。辅导员与小A先后进行了两次谈话，在第一次谈话中，小A承认了自己的举报行为，但是未能真正意识到该行为对被举报人所产生的不良后果以及自身的问题。经过约定，辅导员于一周之后与小A再次进行了谈心谈话。

谈心谈话准备和思路

谈话之前，我们就小A同学的学习、生活、性格、宿舍关系等情况进行了详细的了解，为他做了人物画像。小A，男，少数民族，来自偏远的城镇，当地的教育理念和经济发展水平都较一线城市有较大差距；该生自入学以来学习刻苦努力，具有较强的自律能力和职业发展规划意识，其学分绩排名呈逐年上升趋势，目前已在班级名列前茅；性格偏内向，做事比较执着，与周围同学关系一般，未和同学发生过矛盾，曾荣获过多项奖学金。在此次奖学金评审结束之后，小A对被举报人的评审结果表现出强烈的不满情绪。

根据小A的情况，我们决定采用循序渐进的沟通方式，分两次与他进行谈话。第一次谈话主要确认他是否为举报人，询问他的疑惑和问题所在。经过一周冷静期，与他进行第二次谈话，一方面为其反馈之前的疑惑点，另一方面对其进行教育引导。经过第一次约谈，学院已确认他是举报人，也了解到其质疑之处，达到了谈话目的。在一周的冷静期内，我们对他所提到的相关问题进行了详细的准备，拟定了谈话流程。此次谈话的主要过程从三个层面递进展开：首先，回应举报人的质疑，澄清有关事实，让其在客观上认识到错误；其次，帮助其分析不实举报行为的不妥之处，为其讲明道理，让其在主观上认可行为的失当；最后，引导其正视自身认知上存在的偏激和狭隘心理，为其指明方向，帮助其更好地成长。

谈心谈话过程

辅导员：小A请坐啊，不用紧张。今天我们也是按照上次谈话的约定，就你举报的事情进行再次沟通。希望这一次我们依然能够开诚布公地、真诚地交流各自的想法。

小A：好的老师，我知道了。

辅导员：上次跟你聊过之后，不知道你有什么新的认识吗？

小A笑了笑，没说话。

辅导员:看来心里还是不服气?

小A:实事求是地说,是的老师,我还是不服气。我觉得我举报是对的。

辅导员:哦,你觉得哪些是对的呢?

小A:你看,网上大家都对他能够获得这个奖学金有不满,而且他的成绩也不符合参评条件。我最开始听完他展示的时候就觉得他肯定没戏,结果没想到他还能评上,我就是觉得不服气,我觉得这里面有黑幕!你们找我是不是也想替他做我的工作,让我闭嘴呀?

辅导员:小A,你先别激动,先冷静下来听我说。咱们一件事一件事地说一下,你看可以吗?

小A沉默一会儿,最后表示同意。

辅导员:首先,你把网络上面校园集市的帖子内容作为了你反对他的一个重要支撑,对吧?我们再一起回忆一下,校园集市的帖子里面有明确提到人名吗?

小A:没有,但肯定就是他。

辅导员:你看啊,最开始发帖的人没有提到人名,所有的回帖里面也都没有人名,只有个别人在回复的时候提到了学院名字,因此你就认定这说的是一个人,你觉得这个看法严谨吗?

小A沉默。

辅导员:我跟你说一下我看到这个帖子的感受:第一,有人讨论的可能是这个学生,但要强调“可能”两字;第二,评论中存在许多看热闹的同学,不一定了解或者关心事实真相;第三,帖子的回复并不是很多,只有十来个人在反复讨论。因此我觉得,光就这个帖子而言,并不能说明问题,更没有明确指向你所举报的那个同学,这一点你认可吗?

小A:嗯,这个确实是。

辅导员:你做了那么多科学研究,应该非常清楚,什么事情都应该要有实实在在的支撑和证明,有完整的逻辑链条,才能够去严谨地判定是与不是。否则即便是很像很像,那也不能认定就是。因此是不是可以认为,你刚刚提到的同学们在网络上表达对被举报学生获评该奖学金不满,这一点是不成立的?

小A:您说的这一点,我认同。但他就是在学院风评不好,这样的学生怎么能够算得上优秀呢?

辅导员:你认定他在学院风评不好,能给我列举几个具体的事例吗?

小A:我听同学们说的,具体的我也说不上来,但是大家好像都不怎么喜欢他。

辅导员:你所说的大家,是多大范围的“大家”?你是做过什么调查研究吗?还是听个别同学提起过?

小A:我听几个同学提起过。

辅导员:几个人能代表大家的意见吗?

小A沉默。

辅导员:换个角度思考。比如换做你,你那么优秀,成绩也好、科研也好,也荣获过很多奖项,你能够保证咱们学院所有的同学都对你没有意见或者看法吗?

小A轻轻地摇了摇头。

辅导员:没错,你不能保证所有人都认可你,我也不能保证所有的师生都认可我,我们谁也很难去做到百分之百,对吗?每一个人都有自己的长处,也有自己的短板,在学习、生活、与人相处的过程中,可能都或多或少会有不到位的地方,个别同学对我们有意见或者不满,这也是一种正常的现象。你用个别去代替全部,不觉得这种思考方式太片面太偏颇了吗?

小A轻轻地点了点头。

辅导员:你能认可我们刚刚交流的内容,我觉得特别好。那咱俩继续沟通下一个问题。你质疑他的成绩不符合参评要求,不具备参评资格,对吗?

小A:是的,这个我做过研究,他就是不符合要求。

辅导员:在你看来怎么不符合要求了?

小A:我专门把他们年级的学分绩挨个儿进行了排名,他是伯苓班的学生,但是他提交并运用的大一成绩排名是全年级大排名,这是不对的。他应该用自己在伯苓班的排名,这样他就不符合要求了。

辅导员:好,就这一点我专门进行过详细咨询,也得到了能够让我满意的答复,我也跟你分享一下。我先问你个问题,如果要选拔同学到学校层面去与其他学院的同学进行评比,是不是应该选择咱们学院最好的同学?

小A:是的。

辅导员:我们都知道,伯苓班的选拔过程是优中选优,是在全校范围内的选拔,能够考进伯苓班,是不是也可以在一定程度上佐证这个学生至少是相对优秀的?

小A:这个是的。

辅导员:刚刚我们也说到了,伯苓班是优秀学生较为集中的地方,如果只是简单地把参评资格在各个班级画一条线,比如,只有前30%的同学有机会参评,那伯苓班的前30%和普通专业的前30%相比较,你觉得这是一个公平的划线吗?

小A沉默。

辅导员:咱们都知道,伯苓班整体来说,其学习成绩、综合素质都较普通专业高,这就是为什么保研名额分配之中,伯苓班的保研比例比普通专业高。这个道理你认可吗?

小A:您说的这个我好像有点儿理解了。

辅导员:所以在推荐同学参评校级荣誉时,我们都不会简单地按班级排名去划线,而是要在全年级进行综合评判。我想这一点,是本着对所有同学负责的态度,学院经过慎重考虑之后决定的,而且这个政策已经持续多年,并没有因人而异。这个情况你知道吗?

小A:我不知道。

辅导员:那你之前有对这方面了解过吗?

小A:我没有。

辅导员:政策都没有了解过,就这么贸然地进行举报,你觉得这样做对吗?

小A沉默。

辅导员:如果这名同学确实是德行有失或者不符合参评资格,你是有权利提出异议的。有什么不理解的其实可以先与我们辅导员老师沟通,我们能第一时间帮你化解疑惑。但是你没有掌握实际情况,仅凭无端的猜想和臆想,就去实施举报行为,我认为这也是对其他人极端不负责任的态度和巨大的伤害。如果换做是你,莫名其妙地被人举报,你作何感想?这个你想到过吗?

小A摇头。

辅导员:小A,我想知道,我刚刚就你所提出来的两个疑惑点所做的回复,你是否满意和认可?

小A:我认可。我之前做的确实欠思考。主要是他展示的时候只有学生工作,几乎都没有科研,这让我更加确信他成绩不行。而且我也没看出来他有多优秀,我觉得有好几个没有评上的同学都比他更优秀,人家都有发表论文。

辅导员:那我是不是可以认为,你在听完他的展示之后,就因为他只有学生工作经历,没有科研,从内心里就或多或少认为他不够优秀,对吗?

小A:是的。

辅导员:我觉得你这样的想法是非常偏颇的。我们这个奖学金的评选标准,是综合的、全面的,是要看这个学生学习、科研、生活、学生工作、志愿服务等全方位情况,不是只看科研类情况。每一个人都有自己擅长和不擅长的领域,你擅长的是科研,不擅长的是学生工作,而别人擅长的是学生工作,可能相对不擅长的是科研,这就能说明你优秀、他不优秀吗?中国有一句古语:三百六十行,行行出状元!只要是在这个领域做出了突出成绩、做到极致,他就是很优秀!学生工作并不是一件容易的事情,组织者需要花费大量的时间和精力去策划、组织、协调一场又一场精彩的活动去服务同学们的成长,如果没有学生骨干去做这些工作,你怎么可能有机会参加校园里面这么多精品活动,并从中受益呢?

小A点了点头,表示认可。

辅导员:所以今天把你请过来,一方面是再次与你沟通,为你解惑答疑;另一方面也是想有一些叮嘱的话想说。

小A:老师,您说。

辅导员:小A,你非常优秀,这一点毋庸置疑,但是作为你的师长,我想跟你说,今后的路还很长,尤其你的科研道路,前景光明。我真诚地建议你,不要把过多的时间和精力投入到这类无谓的非议和片面的比较上。你应该全身心地投入到科研之中,争取发表更多的文章、撰写更多的资政报告。你应该培养自己具有更加广阔的视野、更高的境界以及踏实的学风作风,同时也要学会尊重其他人和事物,要有

“三人行必有我师”的胸怀,这样你才能够走得更长远,路更开阔。你觉得老师说的对吗?

小A点头。

辅导员:你刚刚提到,自己整理研究了别人的成绩排名,这个都是手动的吧?应该花费了不少时间吧?

小A(特别不好意思):是的,确实耗费不少时间。

辅导员:你要把这些时间和精力都用在科研上,是不是又能多看几篇论文了?

小A不好意思地笑了笑。

辅导员:我觉得,这件事情能够反映出你所具备的优良品质:为人诚恳、敢于质疑和挑战、有较强的分析能力,但同时也能反映出,你的很多看法还不够客观,分析问题还不够严谨,存在先入为主的观念,对一些问题的认识还非常偏激。你觉得我说的对吗?

小A:是的,同意。

辅导员:既然你认可我刚才所说的,为了你更长远的发展和成长考虑,你得自己有意识地去纠正不足之处,这样才能取得更多优秀的成绩。

小A:谢谢老师,我明白了。我刚想了想,我觉得您说的对,这确实是我现在存在的问题,以后我会注意的。

案例思考总结

第一,在日常工作中,优秀学生常常是最让我们放心和安心的群体,我们或多或少会忽略对他们的教育和引导,更多地发挥其自主成长的能动性。但是从该案例中我们可以看到,优秀学生也存在很多的疑惑,对他们的引领也至关重要,我们应该加强对该群体的关注。

第二,在分析解决类似案例的过程中,我们往往在初期对学生的动机有一定的预判。比如在本案例中,我们最初直观上认为该生内心存在嫉妒他人、不平衡的心态。但当我们剥丝抽茧地与学生沟通时,会逐渐意识到学生的内心想法与我们的预判存在很大差异。因此作为辅导员,我们要坚决避免随意给学生扣帽子。

第三,优秀学生几乎从小到大都是在赞美声中成长起来的,他们很少能听到老师们的批评教育。因此,如何能够让其深刻剖析自身,认识自身的不足之处并积极纠正改进,需要我们换位思考,从他们的视角去发现问题、审视问题分析症结所在。同时,我们认为在关键点的沟通中,不妨一语中的、直切要害,避免云山雾绕的谈话方式,否则反而可能会引起学生的反感或使其产生新的疑惑。

讲清楚身边的网络现象：正确看待网络信息和现象的引导与教育

案例撰写人 沈宝庆

案例背景

本案例的谈心谈话对象为2021级硕士研究生小C，男生，时间跨度为2022年5月至10月。谈心谈话缘由是2022年5月底的一个晚上，校园封控时期，小C在核酸大筛现场表演“行为艺术”引起校内师生关注。经了解，小C该行为的直接诱因是同年级的一部分男生建立了一个十多人的微信群，在群里同学们转发了其他高校“行为艺术”的视频，并“鼓动”小C也拍摄一个类似视频。该“行为艺术”就是个人在公共场所高喊带有不文明用语的口号。因此，我跟小C有过多次的交流，与小C小群里的一些同学也都进行了交流。随着交流的深入，我们尤其是我和小C对如何看待网络信息和现象、校园生活等问题都进行了探讨。

谈心谈话准备和思路

与小C的谈话分为两阶段，第一个阶段是当晚的紧急处置和排查，第二个阶段是与其建立信任关系，加强沟通并形成了较好的师生关系。

第一，应急处突。

小C表演完“行为艺术”后，他本人和帮他录像的同学（均为前述小型微信群成员）立即四散离开。学校通过监控录像追踪，查清他们进入的实验室，然后通报学院认人，年级辅导员很快锁定目标。按照学校的要求，学院需要第一时间了解学生做出该行为的目的和意义，排除有无进一步发酵的风险。当时已经很晚，学生都已经离开实验室回宿舍休息。因此，我和年级辅导员当晚直接进入学生宿舍找学生面谈。

第二，释疑解惑。

掌握基本情况后，了解了小C和同学们的主要诉求。初步研判分析不会有后续风险，请小C和同学们早点休息，并承诺会对其提出的问题尽快给予答复。后续，我与小C和几位小型微信群成员中相对可靠的同学分别进行了谈话，提示大家不要再在微信群或者小群体中发酵，并形成了较好的沟通关系。“行为艺术”事件基本平息后，我和小C也熟悉了起来，后续就不少话题进行了较为深入的交流。小C也逐步敞开心扉，承认了自己之前的言行存在不当之处。

谈心谈话过程

与小C和微信群同学的第一次“群聊”。

当晚，已经深夜12点，我和年级辅导员一起到小C宿舍，他已经休息。

辅导员：小C，已经休息了啊。打扰了。

小C：老师，我知道您为什么找我。

辅导员：那就好，我也开门见山说了。晚上拍的视频有没有传到网上？

小C：只是在自己的小群里发了，没再扩散。

辅导员:因为时间比较晚了,我先说要求,我要求视频不能传到网上,可以吗?

小C:这没问题。

辅导员:不知道你是否有印象,有一次在办公室你与年级辅导员说话,我见过你。

小C:有印象,我对您也有印象。老师,您能来,我其实有很多话跟学院说。

辅导员:没问题,我们聊聊。

小C:这个校园封控到什么时候结束?因为校园封控,我不能去校外或者网上购买水果、日用品,而只能在校内的商店、超市购买,太贵了,学校应该换掉这些贵的商家。其他学院有“院长接待日”,为什么我们学院没有?

辅导员:我打断一下,你在小群说一下,提醒群里的同学视频不能扩散。

小C:其实,小群的同学也都想跟老师们聊一下的。

辅导员:可以啊。

小C在群里告诉群里同学可以到他宿舍来跟学院老师聊聊。这样,他小群里的十多个同学陆陆续续从其他宿舍来到小C宿舍。很快,我发现其中有两人是挑头的,其他同学有一些我认识的则不好意思说话。人多嘴杂,但主要是挑头的两位同学在有点儿故意“刁难”我。

辅导员:大家最近有一些意见可以理解,但是时间已经很晚,因此每人说两点最想反映的问题,请大家依次表达。

小C:我先说,校内东西贵,学院没有“院长接待日”。

小C说了两条后,还要说第三条。

辅导员:我打断你一下,人多,所以我们都得遵守约定。

后面学生们陆续发言,最集中的还是小C说的校内东西贵、学院没有“院长接待日”这两条。

辅导员:各位同学的想法我记下了。我想再次向大家强调一下,视频不能传到网上,这是纪律要求,也是对小C的保护,我也会尽快就大家提的问题进行答复。因为时间很晚,我们都先回去休息。

与小C和几位我比较熟的学生进行“单聊”。

第二天,将有关问题向上级部门和学院主要领导反映后,我在将近中午的时候,向小C打了电话,就他最关心的两个问题都给予了反馈。

辅导员:小C,昨晚你提到的问题,我跟学校相关部门、学院主要领导沟通了,现在向你做一下解释说明。关于校园商店东西贵的问题,校园商业店铺都是经过正当程序引进来的,不可能学生反映贵就马上能采取措施,而且买东西属于市场行为,根据学校的了解,校内物价与校外没有显著差异,除非有违法或者卫生等问题,一般学校也无法干涉。你的这个意见学院已经反映到学校。

小C:好吧。

辅导员:关于学院没有"院长接待日"的问题,我们学院是考虑到学院领导、各位老师平时都在学院办公,同学们有问题或者有意见随时可以到办公室反映,暂时可以不需要组织"院长接待日"这样特别的平台。

小C:这点我能接受。

中午,我联系了小群里一位本科我担任过他年级辅导员的学生在食堂一起吃饭,向他详细了解了情况。

这位学生说:之前大家是为了好玩,没想到引起这么大的关注,给学院带来了很多不必要的关注,心里很愧疚,以后会注意的。

此外,我还与另外两位相对熟悉一些的学生进行了谈话,取得了他们的理解。

第二天晚上核酸大筛现场与小C的一次"畅聊"。

第二天晚上,还是核酸大筛,全体学生都得参加,我在现场等着小C。他检测完,我把他请到操场边上人少的地方。

辅导员:小C,我们"一回生两回熟",今晚在室外,也是第二次见面了,对白天电话答复有不满意的,至今心理有不舒服的,都可以跟我说,我们把不痛快都说出来。

小C:封控时间长了,确实心里有很多不痛快,难受,所以群里同学一发"行为艺术"的视频,加上大家鼓动自己,就实行了,但感觉确实给大家带来了麻烦。

辅导员:以后有不痛快,可以直接找我,不要再表演"行为艺术"了。

小C:老师,这您放心吧,肯定不会了。

这次室外谈话后,小C再见到我,每次都很热情地跟我打招呼。

一次食堂吃早餐时的"餐叙",聊及身边的一次"网络暴力"现象。

9月份开学后，有一天早上，我在食堂遇到小C，我喊他坐到一起。我问了下他的近况，就又提起了上半年的事，尤其问了他那个小群最近的情况。

小C:我已经不怎么在群里说话了。

辅导员:这是好事。网络信息、现象确实是我们同学经常需要面对的一些情况。我们学院也过一些相关的案例。

小C:让您和老师们操心了。我们学生有时也不会多想，一般网上说的，我们很容易相信。

辅导员:今年元旦，我们学院有一位男生因为跟其他学院女生的感情问题，在网上被曝光，后续这位男生被大家认为是“渣男”，有被“网络暴力”的情况。你知道这个事情吗?

小C:这个影响很大，曝光的情况我知道。

辅导员:你认为这位男生是“渣男”吗?

小C:那当然。

辅导员:这件事情我亲身参与后续处理，后面有很多事情。实际上，我不特别认为这个男生是“渣男”，我认为他实际是网络暴力的受害者。这位男生因为曝光而产生了极大的心理压力。

小C:还有这事?

辅导员:是啊。这位男生的一些行为的确违反了我国大学生行为规范和社会道德标准，应该受到批评和谴责。但这种批评谴责应在法律允许的范围内，不应被披露隐私，否则构成侵权，对当事人会造成很大的伤害。

小C:老师，您说的有道理。我之前没想过这点。

辅导员:学校和社会应该保护每一个人的合法权益，而不能仅仅站在某一方的角度来处理一件事情。

小C:今天听您介绍了这些详细情况，我很感谢老师。之前对网络现象所反映的问题确实没有太深入地去了解，而且很容易带着情绪。今天的聊天对我看待网络信息和现象有很大的帮助。

案例思考总结

第一,把握当下思想政治教育工作的“重点”,做好“教育引导”和“关心关爱”的有效结合。学生的思想工作,要加强正面教育引导,有一些要求该提的要严肃提出,不能含糊。对学生的“严管”,就是对学生的“厚爱”。在实际工作中,“严管”和“厚爱”、“教育引导”和“关心关爱”不能偏废。

第二,找准学生思想状态的“堵点”,做好“讲好大道理”和“讲清楚身边事”的有效结合。在与小C的沟通过程中,他多次提到之前接受的思想教育很多都是“讲大道理”,然而对于身边的一些社会现象、网络现象,自己有困惑,却又得不到解决,因此在思想、心理上对学校的一些工作存在抵触心理。我和他接触之后,加强了对他个人思想堵点的解释、说明,注重讲清楚身边的事、具体的事、细微的点。

第三,扎实落实“一线规则”这个“关键点”,做好“键对键”和“面对面”的有效结合。现在网络手段很多,平台也多,学生教育管理一些日常的工作联系采取“键对键”的方式没有问题,但是涉及思想政治教育、稍复杂问题的沟通交流,还是要“面对面”开展。具体是“键对键”还是“面对面”,要结合具体情况灵活掌握。

寻找网络发声的理性之道

案例撰写人　宋燕　张佳丽

案例背景

小A同学是大一新生，对于即将开始的军训生活充满期待。然而在军训期间，他遇到了一个让他感到困扰的问题。由于晚训时间较长，常常训练结束时公共浴室已经关闭，加上这个时间段洗澡需求量大，小A时常因为无法洗澡而感到非常不舒服。气愤的他决定通过微博来表达自己的不满和抱怨，他发帖吐槽学校的硬件条件太差，认为基础设施的不足让他和其他学生感到非常不便，并批评说这是学校缺乏人文关怀的表现。

小A的微博发出后，很快引起了一波学生的关注和跟帖转发。许多学生表示赞同小A的观点，认为学校的设施确实存在很多问题，需要得到改善，这一舆论风波给学校及学院带来了一定的负面影响。作为辅导员，我及时找到该同学了解情况，并与其谈话寻求解决问题的正确途径。

谈心谈话准备和思路

事情发生后辅导员第一时间找到小A，与其进行一对一的深入谈话。首先了解事情的详细经过，倾听他的感受，表达对他所面临问题的关注和理解。其次告知他解决问题的方式有很多种，网络发声不是最好的办法，对于产生在学校内的一些问题，联系辅导员或通过学校官方渠道反映往往能更直接、更快速地解决。最后向该同学阐明网络不是法外之地，使用网络发声时需要注意言辞和行为的合法性，如果夸大事实或散布不实信息，造成不良影响，会受到法律处罚。

通过这次谈话，希望能够引导小A以更理性、合法的方式表达自己的诉求，同时也提醒他注意网络行为的规范性。

谈心谈话过程

辅导员：小A你好，首先非常感谢你愿意与我交流。我知道你最近因为公共浴室关闭时间的问题有些困扰。能具体说说你的想法吗？

小A：嗯，最近晚训结束后，我发现公共浴室已经关闭了。经过一天的训练以后已经很疲惫了，我希望能够有一个舒适的浴室可以洗澡。

辅导员：你了解到的是浴室晚上是几点关门？

小A：晚上8点就关门了。

辅导员：那你们训练结束是几点？

小A：每次不太一样，但基本是7点半以后了。

辅导员：也就是说你们训练结束的时候，浴室即将关门或者已经关门了，是吧。

小A：是的，训练结束后匆匆忙忙地跑回宿舍拿洗漱的东西，有时候能在关门前赶上，有时候就赶不上。

辅导员：那你希望浴室几点关门比较合适呢？

小A：向后延长至少半个小时，比如8点半或者9点。

辅导员：你的诉求我已经记录下来了，还有别的想法吗？

小A:目前最着急的是想洗澡,其他的还有一些。

辅导员:具体是什么呢?

小A:宿舍里没有独立的卫浴间,所以要跑到公共浴室,还有食堂为什么没有宵夜呢?

辅导员:还有吗?

小A:目前没有了。

辅导员:基本都是对生活设施的诉求,对吧?

小A:是的

辅导员:我来一个个地给你回答,第一个宿舍里没有独立的卫浴间,这是因为你们住的宿舍是20世纪80年代左右建设的,那个时代平房、四合院还是主要的居住方式,都是要去公共卫生间,当时还没有发展到每个单元都有独立卫浴,所以设计建造的人也没有想到,当时的人也预估不到未来的发展。这个你能理解吧?

小A:这个能理解。

辅导员:很好,我知道学校也正在努力改进,但改进的原则肯定是因地制宜,像你们的宿舍不太可能每个寝室再增加一个独立的卫浴间了,对吧,因为没有物理空间了。但是学校正在改建的是,在每层楼增加浴室,这样就可以在宿舍楼里洗澡了。

小A:这样就太好了。

辅导员:因为要有基础的装修,重新改水改电做防水,所以是需要时间的。

小A:这个能理解。

辅导员:你刚刚还说要增加夜宵是吧。

小A:晚上训练完比较饿,但是食堂都关门了,买不到吃的。

辅导员:你希望的夜宵是哪种? 夜市大排档?

小A:要是那样就太好了,不过只要有些普通的面条、包子啥的就可以。

辅导员:好的,我都记下来了。希望公共浴室延长关闭时间,希望食堂增加夜宵,是吧。我会将这些情况上报给学校后勤保障部门。请你相信,学校现在在努力改善基础设施,不过还需要时间和资源,也希望你能理解一下。

小A:我知道,可以理解。

辅导员:你看啊,解决问题的方式有很多,比如你可以告诉我,我们一起想办法,我来帮助你解决,你也可以直接联系学校后勤保障部门,甚至还可以写校长信箱。对于解决学校里的问题,我刚说的方法可能更快捷,但是这些方法你都没选,为什么选择了上网吐槽呢?我很想知道原因。

小A:确实有很多的方法,但是我当时太生气了,只想着在微博上吐槽发泄一下,没有冷静下来想想该怎么去解决这个问题会最快。

辅导员:那我可以理解为发表到网络上,一方面是想解决问题,另一方面也是一种吐槽或者是情绪的宣泄,对吗?

小A:是的,不是有句话吗?遇到事情不要慌,先发个朋友圈。

辅导员:嗯,我很明白你的心情,有情绪是很正常的事情,这可能也是一种网络习惯。每个人都会有心情不好的时候 ,但是我们也不能完全让情绪控制了我们,任由情绪泛滥,人在情绪激动的时候很容易有过激的行为,与其事后回想起来后悔,不如当时就适当控制一下自己的情绪,等冷静下来思考过后再做决定,对吧。

小A(点头):老师您说的没错,我可能当时确实太冲动了。

辅导员:我看你那条微博的转发量还挺高的,我想了解一下,你在微博上吐槽的很多内容都是真实存在的吗?

小A(沉默了一会):有的可能有一点夸大,因为我当时真的很生气,可能没有完全客观地描述情况。

辅导员:我们要知道,网络是一个公共平台,每个人的言论都有可能被放大和传播。也许你觉得自己描述的内容只是在事实基础稍微夸大了一些,但其他人看到的和理解的可能更严重,甚至在转发传播过程中再添油加醋,最后的结果也许是你预见和控制不了的,谣言也常常就是这么产生的。也许你的本意并不是这样,但事情因你而起,就意味着你也要承担相应的责任,你明白吗?

小A:我知道了老师,我确实把事情想得太简单了。一开始我看到微博上有很多人附和支持我,我还挺开心的,觉得自己在网上发声果然是正确的选择,但是随着关注和转发的人越来越多以后,有些人在评论区恶意诋毁我们学校,说一些毫无根据的话时,我就开始有些担心了,我确实没有想到影响会这么大。

辅导员:这样,如果你觉得我给了你满意的答复,你是否可以删掉这个帖子呢?

小A:我想再等等。

辅导员:等到什么时候呢?

小A:等到问题解决了。

辅导员:这个可以,但是我要提醒你,你的帖子里面有夸大的成份,换而言之,就是有不实的部分,刚刚跟你说了,网络造谣是要承担法律责任的。我感觉趁着现在还没有更大规模发酵起来就删掉,这对你是好的。因为网络是一把双刃剑。

小A:嗯……

辅导员:或者这样可以吗?你先删掉,如果过了一周,没有解决,那你再发出来,但是一定是如实描述问题。

小A:那好吧,我去删掉。

辅导员:我相信学校会很快解决这个问题的。但我想再次提醒你的,网络不是法外之地。

小A:我明白,谢谢老师的提醒,我会注意的。

辅导员:以后有问题可以联系我。已经不早了,赶紧回宿舍休息吧。

小A:好的,老师再见,您也早休息。

案例思考总结

第一,学生删帖是结果而非目的。

在处理网络舆情时,辅导员应理解学生删帖只是一种可能的结果,而非解决问题的初衷。若过于急躁地要求学生删帖,甚至采取强硬手段,很容易引发学生的反感,并可能激化其他潜在的矛盾。学生发帖往往是因为面临困难、存在矛盾或有特定诉求,只有真正帮助他们解决这些问题,学生才会心甘情愿地删帖,同时避免产生更多不必要的问题。

第二,在解决此类问题时要遵循"三宜三不宜"的原则。一是宜早不宜迟:辅导员在发现网络舆情后,应第一时间与学生取得联系。通过及时沟通,可以稳定学生的情绪,并更好地了解他们的诉求。延误或怠慢可能会错过解决问题的最佳时机,甚至可能让事态进一步恶化。二是宜进不宜退:面对网络舆情,辅导员应有胆量和气魄,勇于直面问题并努力解决。这包括积极与学生沟通、了解事实真相,以及主动寻求解决方案。逃避或退缩不仅无助于解决问题,还可能损害辅导员的权威和信誉,进一步激化矛盾。三是宜导不宜激:辅导员在处理网络舆情时,应站在学生的角度思考问题,理解他们的情绪和诉求,并通过安抚和疏导来缓解紧张氛围。任何刺激言行都可能让事态升级,导致更严重的后果。因此,保持冷静和理性至关重要。

找到并维持自己的学习动力

案例撰写人　张彤

案例背景

小A同学是学院一名大二的本科生，该生上一学年两门专业必修课未通过，学分绩排名靠后。该生家庭条件优渥，平时生活状态相对散漫。临近期末，学生骨干反馈该生近日经常出现专业课旷课情况，辅导员主动约谈该生。

谈心谈话准备和思路

这次谈话安排在了环境温馨、阳光充足的谈心谈话室，主要是了解该生学业情况和生活状态，并从生涯发展的角度，挖掘学生懈怠学业的原因，为学生找到学习动力，帮助学生做好生涯规划。

谈心谈话过程

辅导员：小A，请坐吧。最近在忙什么呀？上课怎么样，期末复习顺利吗？

小A：老师好。我上课也还行吧，最近天冷就不太想去。期末也没什么，在复习着。

辅导员：嗯，"还行"看来还比较顺利，这学期你预计会比上一学年取得更理想的成绩？

小A：应该能吧，及格问题不大，上学年确实心思没在学习上。

辅导员：那上学期是忙于其他什么工作吗？

小A：也没有，就是不想学习，就玩吧，我不太喜欢这个专业。

辅导员：那当时为什么会选择这个专业呢？

小A：这个专业是我妈让我报的，其实我高考报志愿的时候想报的是法学，但是当时我的成绩去不了人大、中国政法什么的，去别的学校又比较浪费分数，我妈就让我报咱们学校了。我怕进到大类会分到不喜欢的专业，所以就先报了特色班。

辅导员：为了避免分到不喜欢的专业而选择现在的专业，那我可以理解为，你至少是不讨厌现在的专业的，是吗？

小A：算是吧，我还是有些遗憾没有去学法学。

辅导员：那你有去了解过法学专业具体学什么吗？未来可能的发展方向有哪些吗？还是只是觉得自己喜欢？

小A：倒也没有了解过，就是高中毕业的时候觉得自己挺感兴趣的。

辅导员：你的这些想法有跟妈妈聊过吗？

小A:有聊过,我妈妈前段时间知道我现在学习成绩不好,我们两个聊过,她说既然我喜欢法学,要不就转专业。

辅导员:你怎么看待她的这个建议?

小A:其实不太可行,我都已经大二了,转专业代价太大,而且真去了法学我也不知道做什么。

辅导员:嗯,朦胧地感觉自己喜欢和真正了解过之后确认自己喜欢并发展为自己的事业,其实是不一样的。如果你现在确定自己已经放弃转专业这个选择,往后看遗憾自己当初的选择其实已经没有太大意义了,你觉得呢?

小A:嗯。

辅导员:那我们试试往前看。

小A:好的。

辅导员:当下咱们首先就是尽可能保证这学期的课程都通过。你觉得呢?

小A:嗯。那应该问题不大。

辅导员:如果你能达到的努力值是满分十分,分别给去年,还有这个学期打分的话,你会打几分?

小A:去年的话,也就三分吧,这学期,差不多五分。

辅导员:有提升,还是不错的。那既然自己的满分值是十分,这学期还差的那五分是在哪里?

小A:就感觉没啥动力学这个专业。

辅导员:嗯,那你对自己的未来有什么规划吗?本科毕业之后想做什么?

小A:其实我这个人挺随意的,就走一步看一步吧,我爸妈也对我没什么要求。

辅导员:那我们把时间线拉远一点,三十年后,你希望自己的状态是什么样子的?

小A:额……不知道呀。

辅导员:比如,为官一任,造福一方?领域专家?健康平安?家庭美满,生活幸福?成立慈善机构,服务他人?你可以考虑一下,对你来说,你期望的生活状态、职业状态是什么样子的?

该生思考了一阵。

小A:我想能有自己擅长的技能,在自己的专业领域内能有一些影响力。

辅导员:那现在我们再来看,为了实现你这个目标,你毕业的时候可能的发展方向是什么?

小A:我应该会出国继续读商科。我之前跟家人也讨论过出国的问题,打算寒假的时候咨询一下留学机构。

辅导员:那现在应该比较清晰了。能力和兴趣是影响我们职业发展的两个重要的维度,既有兴趣也有能力是非常理想的状态,如果兴趣一般,但自己擅长,也有可能在职业发展中有所成就,自己感兴趣的东西可以作为爱好,你觉得呢?

小A:嗯。

辅导员:为了实现你的长期目标和短期目标,咱们当下重要的事情,首先是保证这学期的课程顺利通过,出国留学对学分绩是有一定要求的,而且你也首先得保证自己达到毕业条件,对吧?然后在学习的过程中发掘自己的兴趣点,提高专业能力,你觉得呢?

小A:嗯,是的,我会好好复习的。

辅导员:这学期马上就结束了,虽然天气比较冷,但我相信你肯定是可以克服的,首先咱保证按时上课?

小A:嗯,可以。

辅导员:你有具体的复习计划了吗?比如每天复习多长时间?有没有复习进度表?

小A:我一般下课就在宿舍自习,也没什么特别的计划,有空就学吧。

辅导员:宿舍是休息的环境,建议你之后考虑去自习室或者图书馆学习,看看状态会不会更好。

小A:嗯,行,那我去自习室吧。

辅导员:这个期末除了课程通过,还有其他具体的目标吗?

小A:就争取学分绩高点儿吧。

辅导员:那今年期末,先把目标定在课程全部通过,并且学分绩提升至少2分,你觉得能实现吗?

小A:可以的,我上学期学分绩主要是因为挂科,特别低。

辅导员:那咱们这学期有足够的上升空间。除了换个学习的环境,制定复习目标,还需要有具体的考试计划,比如根据考试的进度,什么时候学到哪一章,要做哪些练习之类的,及时根据计划监测和调整自己的学习进度。我相信高中的时候你肯定有过一些适合自己的学习方法,好好利用起来。你也可以试试番茄时间管理法,这是一个比较简单易行的时间管理方法。

小A:嗯嗯,好的老师,那我回去搜一下这个方法,做一下学习进度规划。

辅导员:好的,现在即将进入复习考试周的阶段了,咱争取今明两天就把复习计划做出来,然后开始实践,你觉得能做到吗?

小A:可以的,老师。

辅导员:那我就等你告诉我期末成绩的好消息啦,加油!

小A:谢谢老师,麻烦您了,我今天收获很多,我会回去好好复习的。

案例思考总结

《半月谈》2021年与清华大学社会科学学院、中科院心理研究所等机构共同合作,在全国若干省份调研发现:学习无动力、对真实世界无兴趣、社交无能力、生命无价值感的"四无"青少年越来越多。在大学中,曾经优秀的高考生也会出现"学习无动力"的厌学情绪,自我效能感低,对未来期待值低或者无期待。

小A同学家庭条件优渥,高中阶段学业优秀,但进入大学后出现了明显的"学业无动力"情况,学业懈怠,生活散漫。该生在高中阶段以高考为目标,但对自己的人生到目前为止并没有明确的规划,大学的专业非自主选择,因此不认同且不为选择负责,抱持"凡事无所谓"的态度。

本次谈话以生涯发展的理念出发,以培训师的角度采用提问的方式引导学生对个人的生涯规划做出思考。首先,学生将目前状态归因于所学专业非自主选择,因而引导该生转变"朝向过去"的思维方式,认识情绪化选择和理性决策的区别,该生逐渐认识到自己纠结的高考志愿填报并非基于理性认知。其次,帮助学生“朝向未来”,着眼于长期、中期和短期目标,跨越目前的预期混沌状态,从长期发展愿景的角度出发,引导学生认识自己人生最重要的追求是什么,并回归于中期和短期目标,落点于当下的行动,即“现在我要做什么”这个话题。最后,根据“SMART原则”引导学生做好目标管理,并适当介绍可行的时间管理方法。

这次与小A同学的谈话基本达到了预期效果。下一步,我将继续关注这名同学的发展情况,和她保持联系,帮助学生更清晰地认知自我,聚焦目标,发掘动力,积极行动,追求理想的人生!

大一新生的专注力与时间管理能力提升

案例撰写人　耿欣伟

案例背景

大一新生小Y选修了一门由辅导员开设的大学生职业发展与就业指导课程，在完成职业技能探索的课程学习之后，他主动找到辅导员求助。小Y表示，他感到自己不具备任何的职业能力，常常因为无法专注学习而拖延任务的完成，对未来充满迷茫。

谈心谈话准备和思路

通过与小Y的初步交流，辅导员判断该生目前处于从高中到大学的转型阶段，由于缺乏统一规定的任务日程，学生出现注意力涣散的倾向，这些表象的核心问题在于专注力与时间管理。因此，辅导员计划从小Y面对的几个典型困扰入手，逐步澄清问题内核，先尝试一起解决具体问题，再从中提炼出适用于学生个人情况的任务聚焦方式和时间管理法。

谈心谈话过程

第一次谈话。

辅导员：小Y，上次下课后，你跟我说你觉得自己没有任何能力，“拖延症晚期”了，可以具体说说吗？

小Y：老师，我总是无法按时完成作业和学习任务，每次都想好好学习，但总是控制不住自己分心。

辅导员：你是指哪种分心？是会在学习的中途突然没有意识地“放空”，还是去刷手机做别的事情了？

小Y：应该不是“放空”，我只是控制不住自己，总想去刷视频或者打一局游戏。

辅导员：分心是很常见的现象，我是文科生，我们上学的时候要阅读大量的文献，读文章的时候我也经常走神儿做别的事情，而且我周围的同学也都有这个困扰，你不必为此焦虑。但是学习任务总要完成，关键还是在于我们如何应对。你之前尝试过哪些方法来提高专注力呢？

小Y：我试过番茄工作法，但每次到了休息时间结束的时候，就忍不住继续放松，导致任务完不成。

辅导员：理解你的困扰。番茄工作法确实是一个好方法，但是使用方法因人而异。由此我想到一个问题，你考虑过你为什么会容易分心做别的事情，或者在休息时间结束的时候迟迟不想开始学习吗？或者也可以换一个问法，你一般都是在做什么事情的时候容易分心，这些事情有什么共性吗？

小Y：好像确实也不是全都会分心，我在写课后题的时候就还好，很沉浸，但是比如完成一个小的实验报告，预习实验课的教材，写英语作文，我就会中途忍不住想去做别的事情。

辅导员：你看，其实你并不是都在拖延和分心，只是应对某些任务的时候会这样。我们在概论课的时候提到过"人职匹配"的概念，就是强调能力和工作任务的匹配程度。但是现实中，你被安排的任务不可能总和你的能力相适应。比如，你可能就是还没有适应大学学习中大量的材料阅读和整理的任务，或是一直对写作有所担心，才会在任务进行的过程中出现"逃离"的想法。

我想给你一个建议，你尝试将学习任务进行详细的分解。比如，你可以把一个大作业分解成若干个小任务，每个小任务都设定一个明确的目标和完成时间。这样每次你只需要专注于完成一个小任务，而不是整个大作业，这会不会更容易一些？

小Y：这个方法听起来不错，我可以试试，但我还是担心我拆分不好。

辅导员：你愿意试一试，就已经是成功的第一步啦！那就以你这周的课后任务为例，请你在下一次我们见面之前，尝试把自己要做的作业进行任务分解，并列出每个小任务的预计完成时间，以此来安排一下你周六日两天的课余时间。这样，我们就可以在下次谈话中一起讨论你的进展，帮你进一步调整和优化任务分解的方法。正好我周五有空，咱们约在周五下午如何？

小Y：好的，老师！

第二次谈话。

辅导员：小Y，你好！这两天状态如何？你尝试对作业进行任务分解了吗？

小Y：老师，这两天我先把我比较擅长的课后习题作业，按照您说的方法，把作业分解成了几个小任务，并给每个任务都设定了预计完成时间，效率确实比之前更高了，感觉心情都好起来了！

辅导员：非常好！那你有没有尝试安排你周六日的时间呢？

小Y：我试着列了一下，但是感觉真的要完成起来，难度还是挺大的，有几个部分，我很难估计大概需要多长时间，先给您看一下。

辅导员:嗯,很好,我现在已经可以通过你的日程表,看到你目前主要的几个问题了,咱们逐个方面调整一下。

首先是最直观的部分,你的日程做得很好,把任务分解得很细致。但我看到,你有些任务的预计完成时间设置得有些长,而有些又太短了。我们可以根据实际情况,对这些时间进行微调。比如,实验报告的撰写可能需要更多的思考和分析,并不是简单的文字堆叠,我们可以给它增加一些时间;而英语作文写作这个任务,对你来说应该要比写实验报告熟悉一些,150字的篇幅不至于需要一个小时才能完成,我们可以减少一些时间。

小Y:哈哈,我计划这两部分的时候也觉得时间把握不好。

辅导员:你看,现在问题已经很聚焦了,正好这也是我发现的第二个问题。英语作文这种任务,确实没有办法再做人为分割,需要的是一块完整的时间来完成。不过我看到,你把实验报告的撰写分成了构思、写作、修改这三个部分,虽然这是一个写作的正常步骤,但是实际最需要时间的是构思和写作的过程,你的构思应该主要都是在复习实验课的知识和你做实验的过程,对吗?

小Y:是的,主要是回忆一下课上老师对实验报告的要求,还有我做实验的主要过程。

辅导员:看来我的理解没有问题,建议你考虑一下,把撰写报告的任务按照报告的内部逻辑做划分:比如实验背景、概念辨析、实验方法这部分,属于在阅读基础材料之后就可以做的工作;实验过程、结果和问题分析,属于以回忆复述和总结反思为主的工作。如此,实验报告就变成了类似综述和总结的两部分,这样是不是可操作性更强了一些?

小Y:确实,这样来分的话,至少我觉得有开始做的勇气了。

辅导员:是的,其实不管什么任务,都要有合理的规划,行动力也很重要,当然这也是一个需要不断练习和调整的过程。另外,我建议你把任务按照重要和紧急的程度进行分类,这样可以更清楚地知道应该先完成哪些任务,同时也要记得给自己留出一些休息和放松的时间,避免过度疲劳影响效率,这就引出了我的最后一个问题,你平时会对自己的休闲娱乐时间做规划吗?

小Y:休闲就是歇着呗,感觉也不太需要规划吧?

辅导员:需要的!就像是你要在学习的时间内高效完成学习任务,休闲的时间也需要有一定的规划,这样你才可以在休闲时最大程度地给自己放松和充能。不过,休闲时间的规划和个人爱好有很大的关联,我不能给你太具体的建议,宏观来看就是要有游戏娱乐的时间,要有运动、社交之类的业余活动,也要有不做安排的放空时间,有张有弛,这样才能在完成任务的时候更沉浸,在休闲的时间更放松。

小Y:谢谢您的建议,我会尝试按照您说的方法进行调整的。

辅导员:很好!记住,时间管理和专注力提升是一个持续的过程,需要不断地实践和反思。我相信只要你坚持下去,一定能够取得显著的进步。如果你在未来遇到任何问题或困惑,都可以随时来找我谈心。

案例思考总结

通过两次谈心谈话可以发现,小Y在专注力和时间管理上的意识被逐渐唤醒,也掌握了一定的工具性方法,不仅能够认识到自己的问题所在,还能够积极尝试用新的方法来解决问题。同时,小Y也能够从辅导员的建议中不断调整和优化自己的任务分解方法,这体现了他的学习意愿和自我提升能力。

此外,这个案例也给我们提供了一些启示:首先,辅导员在思想政治工作中应该注重与学生的深入交流和理解,帮助他们更有针对性地澄清问题、释疑解惑;其次,辅导员应该提供具体的方法和指导,帮助学生解决实际问题;最后,辅导员应该关注学生的持续进步和反馈,及时调整自己的工作策略和方法。

注重个性化指导:每个学生面临的问题和挑战都是独特的,因此辅导员在进行思想政治工作时,应该注重个性化指导,根据学生的实际情况和需求,提供有针对性的建议和方法。

强调实践与应用:理论和方法的学习只是第一步,更重要的是将所学应用于实际中。在这个案例中,辅导员通过布置任务分解的作业,帮助小Y将所学转化为实际行动,取得了良好的效果。

持续跟进与反馈:思想政治工作不是一次性的活动,而是需要持续跟进和反馈的过程。辅导员应该定期与学生进行交流,了解他们的进展和困惑,及时调整自己的工作策略和方法。

培养学生自我管理能力:除了提供指导和帮助,辅导员还应该注重培养学生的自我管理能力。通过引导学生制定计划、设定目标、监控进度等方式,帮助他们建立起良好的学习习惯和时间管理意识。

关注心理健康与情绪管理:在学习和生活中,学生难免会遇到各种各样的困惑和问题,辅导员也应该在意识和思维层面给予学生支持,通过友好地互动赢得学生的信任和好感,给学生提供充足的情绪价值,同时也可以为各种工作的开展打下良好的基础。

学风建设

摆脱学习焦虑症

案例撰写人　翟洋洋

案例背景

小Y,男,艺术专业本科生,居家防疫期间,小Y逐渐沉迷网络游戏,经常在上网课期间迟到早退,课程作业更是一拖再拖。临近期末,任课老师提醒小Y如果不按时提交课程作业,将面临挂科风险。小Y非常焦虑,甚至失眠。他主动联系辅导员,希望辅导员能向任课老师求情。辅导员收到小Y的请求后,与任课老师、家长进行了沟通,了解该生的课业完成进度和居家学习状态。从任课老师反馈来看,小Y有三门专业课均未提交课程作业。从家长反馈来看,小Y居家学习期间,白天睡懒觉,晚上经常熬夜。辅导员通过电话与小Y谈心谈话,了解到其此前沉迷游戏未好好上课,因而未按时交作业。在接下来的时间里,辅导员定期与小Y谈心谈话,引导小Y端正学习态度。同时,辅导员拜托任课老师加强对该生的学业帮扶,并告知家长要加强督促引导,帮助该生树立时间观念,将精力投入在学习上。在多方的帮扶指导下,小Y顺利度过期末难关。新学期开学后,辅导员在开学初再次约谈小Y,了解小Y的未来规划,对其加强学业规划引导。

谈心谈话准备和思路

这次谈心谈话是辅导员与小Y面对面开展的一次谈心谈话，起因于该生期末出现学业焦虑症，发生在该生顺利度过期末难关之后，此时学生心理状态平稳，利于谈话的展开。谈话前，辅导员准备了小Y上学期末的学习成绩单。谈话目的有二：一是总结小Y此前因沉迷网瘾险些挂科的教训，引导其端正学习态度；二是防微杜渐，帮助小Y加强学业规划，避免其再次出现学习焦虑症。

谈心谈话过程

辅导员：小Y，这学期开学你就是大四学生了，毕业后有什么打算吗？

小Y：老师，我想继续读研究生，但不确定能不能考上。

辅导员：小Y，有明确的目标很好，但更关键的是要付出行动，如果确定了要考研，选好目标院校专业后，从现在起规划好每日的学习安排，既要完成专业课学习，同时又要尽快着手准备考研复习了。

小Y点点头。

辅导员：我从教务老师那里了解了一下你上学期的课程学习情况，没有挂科，这说明你在学期末的努力还是有成效的，但是从各门课程成绩来看不是特别理想，专业排名从原来的11名落到了35名，落差还是比较大的。未来你还想继续读研究生，那就更需要把本科的专业课学好，奠定良好的学习基础。我们一起来看看你的学习成绩单，大三之前，每年你的专业课程成绩都不错，综合排名也比较靠前。大三居家上网课这段时间，你的专业课成绩才出现了大幅度下跌，你认为这是什么原因造成的呢？

小Y：老师，平时在学校学习，我基本上都是与室友一起上课，上自习，他们总能带动我一起学习，偶尔自己想偷懒打游戏时，看到他们都背着书包去画室设计画稿，自己也就不好意思，就跟着他们一起去了。在家上网课这段时间，学习上我常常跑神，有时老师在讲课，我就忍不住拿起手机开始玩游戏了。在家时我的自律性很差，父母因为上班都是早出晚归，没有人监督，我的游戏网瘾就也越来越大，写作业时总忍不住想玩游戏，后来还有几次通宵和队友打游戏，导致第二天起晚了，错过了上午的课程。直到上学期期末老师在课堂上警示再不交作业就会挂科，我才突然意识到自己已经落下了那么多的作业，一下子慌了神，特别害怕挂科，焦虑失眠，不知道该怎么办了。说起来真的很惭愧。

辅导员：小Y，你能认识到网瘾对学习的危害，说明你认真反思了上学期的学习状态。"业精于勤荒于嬉"，学习不能偷工减料，必须要把工夫下在平时。这次在老师和家长的合力帮扶与督导下，你最终通过了期末考试，没有挂科。但是在学习的道路上，自己永远是自己的第一责任人，没有人可以一直在你身边督促你，包括你的同学、老师和父母。尤其是这半年，你准备考研了，考研更是一个人的漫漫奋斗路，它可能比你想象中的更辛苦、更孤独。在你准备考研的日子里，你面临的干扰可能更多，不只是游戏带来的诱惑，身边同学们有顺利保研的，有申请出国的，也有在每日奔波参加校园招聘的，大家的节奏都不一样。如果你想好了要考研，就要下定决心，并制定出每天明确的学习规划，磨炼自己的意志，坚持完成每日的学习任务，绝不能偷懒。如果你现在还在摇摆，那老师建议你先用一周的时间来测试自己，看看在这一周内，自己能否坚持住，如果连这一周都坚持不下来，那么老师认为，你需要重新反思一下考研这条路是否适合自己。没有足够的定力，不如积极参与实践性强、团队合作氛围好的实习工作，积极参加校园招聘，毕业后直接参加工作。

小Y：老师，其实我想考研，也是受父母的影响，父母希望我考研，认为研究生学历在就业时更有竞争力。我现在也不确定自己能不能坚持下来，担心考不上让父母失望。

辅导员：小Y，关于是否要考研，除了父母的建议，你更应该静下心来问问自己的内心，评估自己的学习动机、学习能力和学习毅力，如果自己对于考研专业不感兴趣，考上之后学习也会很痛苦。如果自己发自内心想去提升学历，那就不要怕失败，结合自己专业学习基础，听一听老师的建议，报考适合自己的考研院校专业，制定明确具体的学习计划，鞭策自己学习。如果担心自己坚持不下去，那就像老师之前说的，用一周时间来测试自己。如果一周的学习任务都完不成，那就要正视自己，也坦诚与家人沟通，放弃考研，换一条赛道，珍惜宝贵的校招机会，积极参加求职面试。考研和就业，没有孰优孰劣，适合自己的才是最重要的。

小Y：好的老师，我会好好考虑的。

案例思考总结

在居家防疫期间，网课学习缺乏有效的监督和互动，部分同学出现了不同程度的学习焦虑，甚至有课程挂科现象。对于学业困难学生，出现学业焦虑往往不是偶然事件，有些学生甚至从此一蹶不振，成绩持续滑坡。因此辅导员对于学业困难生的关注和帮扶，是需要持续渐进的，在发现他们出现学业困难时，要及时干预，通过与学生、任课教师、家长多方沟通，找出问题的症结，引导学生端正学习态度，树立主动学习意识，制定适合自己的合理有效的学业计划。对于小Y而言，眼前他通过了期末难关，但是面对接下来的考研，这是一个更大的挑战，需要辅导员持续关注，帮助小Y确认学习动机和学习动力，避免因盲目考研带来更多的学习焦虑感。

拨开新生的迷茫　重拾大学的希望

案例撰写人　范新新

案例背景

小W同学是理科学院一名大一年级本科生，来自南方小镇，性格内向，父母均在外地务工。他是家里的长子，还有一个年龄相差五岁的弟弟，小W从小跟随爷爷奶奶长大，入学前学习成绩优秀，家人文化水平不高，对他的学习成绩和学习能力比较信任，大学后对他的学业和心理状态关注很少。入学后他不爱与人交流，经常逃课，将大量的时间和精力投入到电脑游戏、小说、手机短视频上。大一秋季学期专业课期中考试后，辅导员得知小W的学业成绩和学习状态都很差，与他的家人、舍友、专业课教师沟通了解情况后，找到该名同学进行谈心谈话，并联合班导师和舍友共同引导小W尽快调整状态，融入大学生活。

谈心谈话准备和思路

在此次谈话之前，辅导员就小W入校后的学习和生活状态同他的舍友及专业教师做了细致了解，同他的家人进行了沟通，确认他的家庭没有发生突发变故导致他的状态受到影响。此次谈话的地点约定在相对安静、温馨的谈心谈话室，目的是了解该名同学逃避现实生活和学习的深层原因，帮助他适应大学的生活、学习节奏，找到学习的兴趣、动力和信心。

谈心谈话过程

辅导员：小W你来啦，请坐吧。最近怎么样？学习忙不忙，累不累？

小W：老师好，我还可以。

辅导员：军训了半个月，看你比报到的时候晒黑了不少，从南方到北方，气候、饮食还算适应吗？

小W：还行，没有特别不适应的。

辅导员：嗯，你以前喜欢吃辣不，我之前有舍友和你是同乡，是我们宿舍最喜欢吃辣的了。

小W：我也挺喜欢吃辣的，我们家那气候比较潮湿，人都爱吃辣些。

辅导员：那你有找到学校周边合口味的辣菜吗，我知道咱们二食堂二楼的重庆小面，又麻又辣，你要是没尝试过一定要去试一下呀。

小W：我没找到学校周边的辣的，也没吃过那个小面，改天试一下吧。

辅导员：好啊，怎么，是学校附近的都不那么好吃吗，有没有到学校周边逛一逛，喜欢去哪不？

小W：不是，我还没怎么出过校门，也就是去了两次学校附近的小吃街。

辅导员：哦哦，是不是第一次离开家这么远有点儿想家不爱走动，还是课程选得比较满，没什么时间呀？

小W：也不是，我不是第一次住校了，以前中学一直走读，就是不太想出门，没什么心情。

辅导员:没事儿哈,挺正常的,刚到新环境嘛,是不是宿舍同学老家都比你家偏北一些,也没那么爱吃辣。

小W:嗯,他们都不太爱吃辣,我们平时也不一起吃饭。

辅导员:那你们平时一起上课,打打篮球,做做运动吗?

小W:也没有。

辅导员:那看来你是个很能独处的人啊,自己平时做什么多一点儿呢?

小W:最近听歌、看短视频、看网络小说比较多,也打游戏。

辅导员:你涉猎的内容还挺广泛,那学习呢,感觉大学的学习内容和高中衔接紧密吗?过渡还丝滑不?

小W:还挺不一样的。

辅导员:是的哈,内容不一样,上课的形式、老师的风格应该都变化挺大的吧。内容上如果以前有竞赛基础的话,可能还熟悉些,现在上课很多都是大教室大课堂,是不是去得晚了坐得远了看黑板小小的,老师也不会随时关注到每一名同学都听懂了。

小W:确实是这样的老师,感觉现在的学习环境和我以前比相差好大。我以前就没有过竞赛经历,不像我们班好几个同学,我感觉学习思路和以前好像都不一样了。以前在高中,我坐在第一排,而且怎么说呢,学习成绩还算挺好,老师讲课随时都在看我,有不那么清楚的地方老师随时都能察觉到,再多讲两句,我很快就掌握知识点了。

辅导员:是啊,我记得我上大学的时候刚上大课、接触新课程也适应了一段时间。那你加入早起抢前排的队伍了吗,有没有试着坐前几排近距离感受课堂啊?

小W:最开始我早起过几次,发现和我一起坐前排的同学都学得挺快,我坐在前面没人家学得好,好像也没有听得更透,就不想再坐那了,还不如多睡会儿,哎……

辅导员:你这么想的话,那再过几次,是不是感觉去上课和不去差别也不大,就不想去了呀,还不如在宿舍看看手机电脑,对不?

小W:老师,不瞒你说,我现在就经常有这样的想法。

辅导员:那是不是偶尔也有这样的做法呢?

小W:嗯。

辅导员:前几天刚考了专业课的期中试,你可以告诉我你的成绩吗?多少分都正常哈,毕竟刚到新环境。

小W:不太想说,对我来说,低得离谱,反正没及格。

辅导员:你这么说,我就知道,你是对自己很有要求的人,过去也一直是学校里的佼佼者。

小W:我现在对自己没什么要求了,也早就不是佼佼者了。

辅导员:没什么要求啦?那你现在对大学和未来有什么想法和期待呀?

小W:我现在就想着放寒假,然后回家过年。

辅导员:那在放寒假之前这段时间呢,你都计划干点儿什么?要每天都只是玩手机和电脑,是不是心里也觉得不踏实?

小W:是有点儿,但我也不知道什么有意思,我觉得自己学不好习,跟不上大家了。

辅导员:才不是呢,你只是一下子没有适应大学的学习节奏和环境,还保持着高中的学习思路和状态,所以才一下子没转变过来。你又一直关注着年级学得最快最好的几个同学,他们都打过竞赛,大学的知识和学习逻辑他们一早就接触过了,所以适应得很丝滑顺畅,你得给自己点儿时间呀,怎么说人家打了好几年竞赛,你才入学两个月。是不是?

小W:可我有好长一段时间都没有好好学习了,期中考试我也没有认真复习,我都快忘了每天学习是什么感觉和状态了。

辅导员:你看,你这样的状态老师就得说道说道你,你都没有努力克服自己遇到的困难,就想逃避等着过年了,这是个男子汉该说的话吗?再有啊,你是不是记得咱们学的学校学则呀,知道学业警示吧,你知道咱们第一学期这几门专业必修课都是多少学分吗?要是都放弃了,你看是不是要得学业警示了?回家过年的时候,怎么拿给爷爷奶奶看,你这新年也不那么快乐呀。

小W:那怎么办啊,老师,我不想得学业警示,我也害怕自己学不好、学不会。

辅导员:小W,你先别慌,老师相信你的学习能力和心理素质,高中学习那么大强度和压力,你都做得那么好,大学这次也一定可以的。只是从现在开始,你必须要调整状态了,不能放松、放纵自己,得拿出高中学习的劲头。你只看到别人学起来轻松,怎么没看到人家付出的努力呀?大学是自由时间多了,但给你的自己支配时间都是让咱们查缺补漏、提升自我的,我和你讲哈,对于咱们专业的学生,课前预习、课后复习,多看书、多做题,这些都是不能少的。知道了吧?

小W:知道了。

辅导员:我相信你回去之后一定可以调整自己的状态,那你打算从哪方面怎么开始做出调整呢?

小W:我先做到每次课程都出勤,少看点儿手机和电脑。

辅导员:挺好的,不错的开始,那你怎么才能让听课的状态更好呢?抓住重点难点,你以前是怎么做的?

小W:我以前学习一直不太吃力,要是接触很新的内容,就提前看一下,自己看着费劲点儿的地方上课重点听下就可以了。

辅导员:我觉得这是不错的可以延续的学习习惯,那咱们现在也可以这么做呢。对了,咱们的习题课都是讲题、答疑,你要是正课上有没吃透,课下看也没理解的,可以习题课再留意听一下。

小W:好的,老师。那我要是还听不懂怎么办,我之前落下了好多呢。

辅导员:那咱们问问身边的同学好不好?其实你舍友都挺想和你成为好朋友的,他们很喜欢你家的方言。

小W:是吗,我都不知道。

辅导员:是呀。对了,咱们还可以和班导师聊一聊,班导师都是咱们专业毕业的,就是从你这样一步步走过来的。好不好?

小W:好。

辅导员:好,那我回头和咱班导师说一声,然后你和班导师约定具体的时间吧,别社恐哈。有什么事都可以和我说,行不行?

小W:行。

辅导员:好嘞,还有就是,我很相信、关注也期待你逐渐调整过来状态,希望你可以和我分享你的成长和遇到的困难哈,咱们一起面对。

小W:好的,谢谢老师。

辅导员:别客气,那今天咱们先到这,我回头联系好班导师给你发消息,到时候你可别害羞。

小W:嗯,我尽量,老师再见。

辅导员:再见,小W。

案例思考总结

通过此次谈话,辅导员了解到小W逃避现实和生活的原因,同时引导他重新制定学习目标,帮助他找到学习动力、重拾学习的信心,达到了本次谈话的既定目标。在交流的最初,小W比较抗拒对话和敞开心扉,辅导员选择循循善诱的方式与他进行沟通,引导他讲出自己内心的想法,发现他的闪光点给予肯定,帮助他建立自信。同时,与他形成关于制定学习计划的初步约定,也帮助他寻找可以利用的学习资源和助力,让他重拾学习的信心和动力。

在接下来的时间,辅导员会继续关注小W的学业和生活状态,联合家长、班导师、舍友的力量,让小W感受到更多的温暖和支持,获取更多动力,尽快调整状态,适应大学的新生活。

告别网络游戏是一场持久战

案例撰写人　刘玥

案例背景

学生小A是学院一名大二学生。大一入学后小A沉迷网络游戏，截至大一结束，小A必修课经重修学分数累计已19学分，六门课程未通过，辅导员与小A关于学业问题进行了一次深入的谈话，小A表示会努力改正，好好学习。进入大二后，小A学习状态仍没有得到有效改善，对于电脑游戏的痴迷程度更加严重，并在大二上学期结束后获得一次学业警示。在小A收到学业警示通知单后，辅导员第一时间与其取得联系，希望进行一次谈心谈话，小A以情绪不佳为由拒绝见面，表示自己已偏离初心太远，希望择日交流。一周后，辅导员再次约谈小A，希望其直面自己当前存在的学业问题，并为小A提供学业指导和生涯规划。

谈心谈话准备和思路

在开始此次谈心谈话前，辅导员已联动本科教学部门，将小A入学以来的全部课程成绩、本学期课表、学则中相关学籍管理规定等材料整理打印，希望通过此次谈心谈话和后续的长期持续关注，能够再一次向小A阐明相关规定，强调其当前面临学业问题的严重性和彻底改变学习状态的紧迫性，为小A生提供切实有效的学业指导和复习安排，进行适合其当前学业困难情况的生涯规划，重新调动起小A对于大学、对于学习、对于未来的积极性和能动性，让小A的大学生活回归正轨。

谈心谈话过程

第一步：明确学籍管理规定，强调学业问题严重性。

辅导员：小A，今天找你来主要是聊聊你的学业问题，这几天咱们也总在微信上沟通，我就直接开门见山了哈。

小A：嗯。

小A进门坐下后一直低头看地，搓手，并未与辅导员有眼神沟通。

辅导员：不用紧张哈，老师叫你来不是为了批评你，是想和你一起交流一下你目前在学习和生活方面存在的问题，看看我们能不能找到一个可行的解决方式，帮助你摆脱目前的困境。

小A（抬起头）：嗯。

辅导员：首先想和你再次确认一下学校关于学籍的管理规定：一是关于学业警示，同一学期内14学分及以上课程不合格的，或自入学之日起两学年内获得学分数低于50学分的，会拿到学业警示，学生受到两次学业警示的按退学处理；二是关于学位授予，在学校规定的修业年限内，必修课经重修学分数累计达20学分的不授予学位。这两条规定咱们每个学期初都有过沟通，也进行过具体的解释说明，你还有印象吧？

小A：嗯，我知道的，老师。

辅导员:好的。你看,这个是我从教务老师那边拿到的你的课表和成绩单。其实在大一结束的时候我们有过一次很深入的沟通,我记得当时你的成绩虽然有几门挂科,但是并没有学业警示或是不授予学位的情况。但是大二上半学期,我看到你有6门课程没有通过,现在是拿到了一个学业警示,并且毕业时候也将不授予学位,这个情况你自己知道吗?

小A:我知道老师,前几天查完成绩我就预料到这个结果了,这几天也一直很后悔走到这个地步。

辅导员:按照目前的情况来看,如果未来再有哪个学期拿到学业警示,就要被退学处理了,所以从现在起,咱们接下来的每个学期都没有再失误的机会,一旦哪个学期松劲儿了,就意味着咱们没有机会继续读书了,这是一定要记得的。另外,咱们的目标不仅是要毕业,还要拿到学位证,要拿着学士学位毕业,所以咱们还得有更高的要求,通过提升后续课程的成绩,达到2.0的绩点,补授学位。底线目标是不被退学完成学业,高线目标是绩点达到2.0补授学位,这个咱们可以达成共识不?

小A:老师你说的没错,但是我感觉我没希望了,现在已经无法挽回了。

第二步:重树学习信心,制定学习计划。

辅导员:好,那咱们首先能够达成共识,共同明确的是,现在确实到了一个最最危险的时刻,这个学期咱们必须要拿出十二分的努力,才能及时止损,才有逆转全局的可能性,所以这个学期要做好准备打这个硬仗。虽然很难,但是老师觉得你还是有很大希望的,因为我看你过去三个学期的成绩,虽然有不少不及格的情况,但是已经完成的学分是比较多的,如果从这个学期开始奋起直追,是可以在正常的修业年限内完成学业的。另外截止到这个学期你的绩点是1.42,距离补授学位只差0.6的绩点,只要咱们后面的课程都能够通过,且部分课程可以达到80分,补授学位是非常有希望的。

小A:老师我以为我没有机会了,我觉得我要被劝退了,更没敢想还能补授学位的事,这么说我还有希望?

辅导员:当然了。你觉得这学期有啥困难呀?

小A:老师我觉得这些课都特别难,不知道考试能不能过。

辅导员：这个是你们专业的培养计划，这是你们过去三个学期的课表，你看，咱们现在有7门课程是过去三个学期没有通过的，老师建议你这个学期以之前未通过的课程为主。原因有两个：一是这些课程都是咱们专业的基础课程，这些知识如果没有顺利掌握的话，冒然随着同级的同学学习后续的专业课程会存在一定的知识跨度，可能需要一边补低年级的课程一边巩固新学的知识，难度很大；二是这个学期是调整学习状态、端正学习状态的一个学期，建立起好的学习习惯和自信心非常重要，之前的课程已经有过一学期的学习，第二次学习相对来讲会更轻松一些，同年级的同学也能给你更多的指导，所以是比较容易上手的，更有利于获得比较好的成绩提升绩点。所以，老师建议你对这个学期的课程进行适当调整，这样可能更适合你目前的学业进度。

小A：老师你说的有道理，我之前就觉得现在的课程越来越难，以前的课又补不上，我就特别着急。的确应该以之前的课程为主，后面的课程尽量跟上，如果排不开就明年再选。

辅导员：没错。咱们这么调整之后，这个学期的课程就是你的老朋友了，第二次打交道，熟悉的课程、熟悉的题目、现成的学习资料、做过的考试真题，这些都是咱们宝贵的财富，用好这些武器，是不是感觉这个学期踏实多了？

小A：嗯，这些课程现在感觉没有当初学的时候那么难了，我觉得应该有希望冲击80分吧。

辅导员：不错呀，如果能达到80分，咱们的绩点会有非常显著的提升，拿到学位指日可待，我对你有信心！

第三步：剖析问题产生原因，杜绝问题再次发生。

辅导员：那这一学期咱的目标和道路已经非常清楚了，再来看看怎么努力。你认为导致出现学业问题的主要原因是什么呢？

小A：之前其实刚开始上课时我还能听懂，所以就没当回事儿就每天都打游戏，突然有一天就发现跟不上了，干脆就放弃了，但是真的到要考试的时候就特别慌，完全不知道该怎么办。想学又知道根本无从下手，时间也来不及，就只能躲着了。

辅导员：首先表扬你愿意和老师实话实说哈，看来你对自己存在的问题是非常清楚的。老师现在非常相信你此刻的决心，但是也希望你能把这一刻的决心和后悔一直维持下去，从现在起到拿到学位证顺利毕业，任何一个学期任何一门课程咱们都不能放松，咱们得做好打一场持久战的准备。就像你说的，打游戏打起来是非常轻松，可是只要打个这么一周，你就会发现这些课都会有断崖式的空白。相信你也感受到了，大学的课程节奏是非常快的，所以这个学期就得有明确的安排。学累了想放松，周末玩两个小时可以，上课、写作业、做实验，这些时间是绝对不能用来玩游戏的，每周都要保证当周的课程听懂了，能跟的上，你能做到吗?

小A：可以老师，这个学期开始我肯定不会再放纵了。

辅导员：行，那咱们今天就聊到这，记住咱们今天的计划，未来我会不定期地联系你问问你的进度和状态哈，一定要保持住！有不会的题勤问老师，有其他困难随时联系我。

案例思考总结

第一，严肃指出学生当前存在的问题，首先要让学生认识到问题的严重性，开始认真的思考。

第二，引导学生进行自我剖析，结合日常工作中掌握的情况综合分析，让学生认识到导致当前困境的具体原因。

第三，开展个性化指导，提出针对性建议，通过具体的目标要求使学生明确当前必须做什么、尽量做什么、不能做什么。

第四，及时发现闪光点并予以肯定，通过真诚的肯定和鼓励让学生树立克服困难重新开始的信心。

学习依然很重要

案例撰写人　王天骄

案例背景

小 A 同学是一名大一学生,平时比较低调。因为疫情原因,大一上学期期末考试推迟到下学期开学前两周进行。大一上学期期末考试成绩公布后,小 A 出现了两门课程不及格。在看到成绩后,辅导员与小 A 同学联系,询问其近期可有面谈时间,到约定好时间双方在学院谈心谈话室见面。

谈心谈话准备和思路

学生出现挂科情况，尤其是大一入学的第一次考试就挂科，辅导员要对此足够重视。辅导员需要及时和学生进行谈心谈话，了解学生情况，一方面做好警示教育，让学生了解学则的具体规定，如什么情况下将面临学业警示，什么情况下将会退学，使学生切实提高对学业的重视程度。另一方面也要做好学生的心理疏导和学业帮扶指导，鼓励学生不要因为一次考试就受到打击，大学生活才刚刚开始，及时调整自己的状态，了解学生在学业上的困难，为其提供学业指导。

谈心谈话过程

小A：老师，您找我。

辅导员：来，请坐吧。新发型不错啊，很帅气！

小A(笑了一下)：过年回家时弄的。

辅导员：挺精神的，新年新气象。上大学这半年感觉怎么样，各方面都还适应吗？

小A：还挺好的，宿舍同学也不错。

小A(低头沉默了一会儿)：老师，我知道您为什么找我，成绩出来后，我就知道您会找我。

辅导员：那有什么想和我说的吗？

小A：成绩刚出来的时候，心情还是比较低落的。上学期课程自己感觉跟的还可以，期末考试推迟，假期回到家，又赶上过年，玩的时间比较多，等准备开始复习考试的时候，发现时间不够用了，临近考试没能复习完。如果再能多给五天时间，可能结果就会不一样了。

说完小A又低下头去。

辅导员：听起来，咱们在复习阶段时间安排上没太处理好。

小A：是的，没想到大学考试会挂科。

辅导员:嗯嗯,今天找你来,也是想了解一下你的状态,大学阶段,学习还是要放在第一位的。无论自己未来想走什么样的职业发展道路,我们先要保证自己顺利完成学业。新生入学的时候,当时也是专门请本科教学办的老师给大家讲解了学则的相关管理规定。

小A:唉,当时没太好好听。

辅导员:学则当中也是明确写到了:同一学期内14学分(含)及以上课程不合格的,要学业警示,受到学业警示后,再次达到学业警示条件的,应予退学。

小A:这样啊。

辅导员:是啊,所以才专门花时间让大家在一入学的时候就好好学习一下学则,回去以后,你也再好好地学习一下。

小A:好的老师,其实看到这个成绩,我也很难过,还挺受打击的。

辅导员:好在这才刚刚大一上学期。咱们在高中或者之前的学习经历中有过类似的情况吗?

小A:我高一时其实成绩也一般,比较贪玩。

辅导员:那后来是怎么考上南开的呢?

小A:当时寒假的时候,有毕业的学长学姐来我们高中宣讲,当时觉得他们讲得特别好,大学的生活很美好,让我特别羡慕。

辅导员:然后就有了学习动力。

小A:可以这么说吧,后面就开始专心学习,希望自己考出好成绩,考上一个理想的学校,过上丰富多彩的大学生活。

辅导员:你这很酷啊,后来者居上,想做的事情认真去做,就真的做到了。

小A害羞的笑了。

辅导员:这次考试就当给自己提个醒了,敲个警钟,后面的三年半不能再掉以轻心了,认认真真地去学习,只要努力,想做,你是可以做到的。

小A:老师,我现在一想到自己有挂科,就感觉前途都黯淡了,啥也不想做。

辅导员:你自己未来想过什么样的生活,想做什么,你想过吗?

小A:其实并没有想过,可能就是想有个稳定的工作,有个稳定的生活。

辅导员:什么样的生活叫稳定呢?

小A:公务员?其实我也没有想过。

辅导员:回去之后其实可以想想,从长远看自己毕业想干什么,想过什么样的生活?从近的来看,自己大类分流几个专业有什么想法?自己都研究过吗?

小A:并没有。

辅导员:回去之后可以先了解一下大类分流这几个专业未来的发展方向,都学些什么,自己更喜欢哪个专业,更适合哪个方向。有些是我们可以掌控去做的,比如我们可以控制自己,让自己好好的学习,把这学期的课程学好,把未来三年的专业基础知识打牢,提升自己的专业素养,在各种实习实践中提升自己的综合素质。把自己能做的做好,向着自己的目标去努力。一次的挂科现在看好像是天大的事,但是如果把它放在整个大学四年来看,放在自己的人生历程中来看,可能只是一个小浪花,小符点。重要的是此刻开始,我们要真的行动起来,让自己有真才实学,真本事。

小A点了点头。

辅导员:回去可以好好地思考一下,下次我们可以探讨一下职业目标这个话题。

小A:好的老师,我好像又有信心和动力了,我还是要学好专业知识,不仅仅是为了成绩,也要让自己有未来生存的真本领。

辅导员:是呀,那如果给这学期的学习生活定个小目标,你有什么想法?

小A:那肯定是考试不挂科了。

小A笑着说。

辅导员:如果给上学期自己的学习状态打个分的话,你会打几分?0—10分的话。

小A:可能也就4分吧,应该说基本就没怎么学习。

小A不好意思地低下了头。

辅导员:那你觉得打几分,就能实现你的小目标了呢?

小A:6分吧。

辅导员:想要提高这2分,你觉得需要做什么样的调整和努力?

小A:这学期的课程认真听讲,课下及时复习,按时完成作业。提前一个月做好期末的复习规划。

辅导员:思路很清晰嘛,学院从上学期开始在推出本科生学习沙龙系列活动,临近期末,也会根据大家的反馈,安排一些课程的考前辅导,到时候也可以关注一下,自己哪一科学习遇到困难,多向老师、助教、同学去请教,问题解决在平时,安排好学习的节奏,你这么聪明,只要想学,就一定可以的。

小A:嗯嗯,谢谢老师,这学期我会努力的。

辅导员:看你表现,我会时常跟进的哦。

小A:好的老师,麻烦您了!

案例思考总结

此次谈心谈话可以说达到了预定的目标。一方面从管理者的角度,提醒学生悬崖勒马,让学生意识到大学的学习很重要,什么情况下将会得到学业警示,出现两次学业警示将面临退学,知道学则的管理规定。另一方面也要做好学生的心理疏导,鼓励学生不要因为一次的考试而自暴自弃,使其重新燃起对大学生活的信心,找到奋斗的动力。通过启发式问答,引导学生树立一个小目标,比如案例中的小目标是这学期不挂科,鼓励学生迈出行动的第一步,制定好行动计划。同时也要有针对性地做好学业指导,通过开展一系列的学业指导活动,在整个年级营造良好的学习氛围,做好学风建设。

但此次谈心谈话有些话题因为时间关系,没能展开细聊,通过谈话能够感受到大一的学生内心是有很多迷茫的,从高中到大学无论是学习还是生活都需要一个适应的过程,所以后面还要持续跟进,每次将谈话聚焦到一个主题,帮助学生度过迷茫期,渐渐清晰大学的发展目标,在大学里成长为更好的自己。

“占座”风波

案例撰写人　王晓娟

案例背景

大一新生初入学，学习热情高涨。尤其面对有较多板书、在大型教室进行授课的公共大课，用书、纸条等物品占座的情况盛行，导致很多真正早到教室却只能坐后排的同学颇有怨言。小Y，男，本科大一新生，日常表现良好，性格腼腆，乐于助人，诚实正直，善良热情，是学生组织的成员，积极组织并参与各类校园文化活动。小Y深受“占座”现象困扰，情绪低落，自述已严重影响学习热情和听课效果，于是主动预约找辅导员反应情况，期待学院可以整治占座之风，严肃学风。辅导员通过谈心谈话，引导小Y纾解不良情绪，与其共同探索可改善现状的可行方案。

谈心谈话准备和思路

本次谈心谈话为一次参与性谈话，是由学生主动发起向辅导员进行的预约。在约定好谈话时间后，辅导员提前翻看学生资料卡，回顾学生信息和平时表现。通过随机方式向个别同学（如去食堂路上偶然碰到的、来找辅导员办事的、下宿舍遇到的等）了解课堂占座情况及同学们的感受，并走进课堂考查占座的实际情况及同学们对此的反应。

小Y同学深受“占座”问题困扰，求助辅导员通过学院等官方途径彻底解决问题。辅导员拟在谈话中，先全面了解小Y的近况及占座现象带给他的困扰，通过谈心谈话，引导小Y释放情绪，先解决其情绪问题，再梳理小Y对该问题的认知，最后再和小Y共同探讨可改善现状的实际举措，并着手行动起来严肃学风。

谈心谈话过程

第一步：详细了解小Y近况及小Y对目前占座现象的认识。

辅导员：小Y，你好，是刚下课吧，来，坐下歇会儿。昨天电话里我感觉你状态好像不太好，今天怎么样呀？好些了吗？

小Y：老师，我刚下高数课，今天又没听懂，笔记也没记全，我觉得再这样下去，我这学期要挂科了，这可怎么办呀？

辅导员：小Y，先别急，这才刚开学不到一个月，离期末还有段距离呢，先别担心期末考试，而且课上老师刚讲完，你暂时没消化，也是正常的现象，我们课后再通过复习、练习习题，慢慢把课上的知识点再学习一遍，可以吗？

小Y：可是我连笔记都没记全，怎么复习呀（声音有点儿颤抖），我今天真的很早就到教室了，可是前八排中间的座位全被占了，不是纸条就是书，我去的时候教室里不超过五个人，可是我却只能坐在靠后的位置，高数课在大教室，我都看不清老师的板书。为了早点去教室，我中午饭都没吃，可是我看到有好多同学都快上课了才卡点进教室，但就能坐在第一排，我觉得一点儿也不公平。老师，学院可以要求同学们不占座吗?

辅导员(递给小Y一瓶水):来,小Y,先喝口水。你说的这种情况,是只有今天有吗?还是从开学一直都这样呀?

小Y:就是这两周吧,其实刚开学的时候,大家挺客气的,都是谁到得早谁坐前排,有时候会同宿舍的同学,互相帮忙占个座,后面陆续有人前一节课下课,就跑去下午上课的教室把书放在教室里占座,再后来,就有人提前好几天在座位上贴纸条占座。现在大家几乎都会用书和纸条占座了。

第二步:引导小Y看到并释放自己内心的复杂情绪

辅导员:小Y,我刚刚听你说,今天上课你去得很早但是没有靠前的座位了,是吧?你当时走进教室,看到前几排全被贴了占座纸条或者被放了书,你心里是什么感受呀?

小Y:我就是觉得很烦躁,所以就抓紧找了个中间的位置坐下了。

辅导员:那你为什么没有去尝试也占座呢?

小Y:我觉得占座是不对的,不应该这么做。

辅导员:那你看到有同学卡点来上课,还坐在前排的时候,你心里是什么感受呀?

小Y:我其实习惯了,每次上课都这样,但后面老师开始上课,我看不清板书的时候,就开始难受了,我要是能坐在前排肯定可以看清板书也能听清老师说的所有重点了。

辅导员:那你昨天给我打电话的时候,当时心里在想什么呀?

小Y:我那会儿就和现在一样,刚下课,心里特别委屈,没听懂老师课上讲的,又没记全笔记,我就觉得自己学不会了,就特别怕自己会挂科,就怨自己为什么没能早点儿到教室坐在前排,可是我今天更早到了教室,连午饭都没吃,还是没抢到好座位,上课又饿又困,又没听懂老师讲的,我就更觉得委屈了。老师,学院可以要求同学们不占座吗?

第三步:梳理小Y对占座现象的认知。

辅导员:小Y,你刚刚说想让学院要求同学们不占座,是吧?为什么呢?

小Y:占座是不对的行为,学院就应该制止呀!

辅导员:可是我刚刚问你有同学卡点来还坐前排的时候,你回答说都习惯了,那我是不是可以理解为,其实你默认这些占座的同学,只要占了座,就天经地义可以坐在所占的位置上,是吗?

小Y:不,不是的,我只是不知道该怎么解决这个问题,但我还是觉得占座是不对的,所以我认为应该学院来制止这种行为。

辅导员:好,那你说说你觉得学院应该怎么做比较合适呢?

小Y:就是要求大家不要用书、用纸条占座,就应该公平一点儿谁先到谁坐前面。

辅导员:那我们一起来设想一下哈,如果学院发了不占座的通知,大家也都遵守的话,接下来会出现什么情况?

小Y:那我到的早就可以坐前排了。

辅导员:可是总会有人到的比你还早呀?有人为了前排座位也可以像你一样不吃午饭、不午休,用身体来占座呀。我可不可以理解,我们只是把占座的方式,从纸条书本换成了身体?

小Y:那……我们规定个放座的时间段?或者我们直接就给同学们像高中一样安排好座位呢?

辅导员:安排座位倒也是个不错的方法,可是,谁坐前排谁坐后排呢?谁来安排座位呢?如果有同学对座位安排不满怎么办呢?就算位置可以轮流前后左右调整,可是会不会有同学就愿意做后排,有同学就愿意做边上呢?

小Y:好像这个办法确实有点儿麻烦。

辅导员:小Y,我们还回到占座这个事儿上,就是你刚刚说占座是不对的行为,那我想问的是,既然你认为占座是不对的,那当你早早到了教室看到你最想坐的第一排被贴了占座纸条,被放了书本,你为什么没有把纸条撕掉或者把书本挪开呢?

小Y:我……嗯……我觉得应该班干部或者老师来做这件事情。

辅导员:所以你来找我,也是希望我可以去制止这些占座的行为,对吧?

小Y:是。

辅导员:我试着梳理一下,要是说的不对,你可以随时打断我。也就是说,你内心是坚定占座是不对的行为,可是,当面对这种行为,你又不敢直接当面制止;看到占座同学享受了既得利益,你内心情绪是复杂的,有点儿羡慕但又不屑,心态有些失衡。虽然你很坚持自己的原则没有占座,可是你感觉自己的权益受到了侵害,自己又没有好的办法来解决,所以你希望学院来主持公道解决问题维护你的权益,是这样吗?

第四步:共同探索可行性方案并推动执行。

辅导员:小Y,你有考虑过为什么大家都要抢前排位置吗?

小Y:因为前排离黑板近呀,能看清板书,能更清楚地听到老师的讲解。

辅导员:确实,班级里有很多同学都和你有一样的想法。那如果我们想办法让后排侧面也能看清板书听清老师的讲解呢?那是不是坐在哪里都一样了?

小Y:这个我确实没考虑过。

辅导员:有时候资源确实是有限的,我们都想为自己去争取,但如果我们换个角度去解决问题,或许可以争取到更多的资源。现阶段,新校区刚启用,教室的配备设施确实不够齐全,我们可以试着把我们遇到的问题和诉求通过合理的方式向相关部门反应。我们一起试试看,怎么样?下周的课,我们试着用点儿临时的方法吧。声音问题,我们用扩音器?怎么样?

小Y:老师,您说的对,我之前光想着让自己如何坐前排了,光想着抢座位,忘了自己抢座位的初衷了。

辅导员:小Y,你已经很棒了,你不仅坚守了自己的原则,还能及时发现问题及时跟我反馈,非常感谢你的信任。关于占座,我也了解了其他同学的看法,其实有很多同学和你一样反感占座,但也有个别同学反倒乐得坐后排呢。小Y,正好你也是学生会的成员,你愿意和我一起在同学们当中开展一个关于占座的调研吗?了解一下同学们的想法和建议,高手在民间,或许同学们会有更智慧的解决方案呢?

小Y:好的,老师,我非常乐意。

案例思考总结

第一，在谈心谈话过程中，让学生看到自己的情绪本身就是一种纾解情绪的方式。

第二，梳理学生对困扰事件的认知，有助于其理清思路，抓住痛点。

第三，要理解有高道德感的“好”学生，在面对现实问题时，所存在的“心态失衡”。

第四，面对学生的依赖感，面对学生期待公平正义时出现的心态，要引导学生从自身的角度积极去探索解决问题的方案。

第五，此次谈心谈话后，学院通过调研年级同学对占座现状的认知，发布不占座倡议，与任课老师沟通后采用便携扩音器、手写板投屏等临时过渡方案，占座情况已初步改善。在向教务部、设备处等相关部门反应问题一段时间后，全校的大教室均加配了讲台收音设备、教室音响，大教室中间均加配了一套投屏设备，可用于上课期间的板书投屏及课件投屏等。

『退学的我，真的会好吗？』

案例撰写人　薛颖

案例背景

小Y同学是一名大一本科新生，性格较为内向，家庭条件较好。大一上学期专业成绩排名30/36，无挂科。辅导员与小Y在开学初以电话沟通的形式交流成绩排名靠后的原因及改善方式，其自述遇到问题不好意思麻烦别人，而自己学习领悟力有限，所以学习情况不理想。

大一下学期小Y挂科累计达14.5学分，其中包括专业中较为基础的主干专业课，收到一次学业警示。辅导员再次与小Y本人、家长交流后，归纳其学业困难的原因为：一是网课期间放松对个人要求；二是居家上课期间过度游戏；三是家长督促作用弱；四是学生前期专业学习基础弱。辅导员向家长说明《南开大学学则》中关于学业警示、退学及学位证的相关要求。小Y保证会继续努力学习。

截至大二结束，小Y已有超过20学分挂科，按《南开大学学则》相关规定，可能无法获得学位证。在此情况下，小Y希望能继续就读，而家长担心学生压力比较大，不知如何是好。

谈心谈话准备和思路

该生主要是学业困难问题，学生本人因担心丢脸、让父母过度操心、高考改革变动较大等原因，希望继续坚持在学校读书；家长因担心学生压力较大，不敢轻易为学生做决定，也不知该怎么办。辅导员对此做了以下几点工作。

第一，与学生保持定期交流，提供具体学业帮扶措施，了解其内心真实想法。

从发现学生出现学业困难后，辅导员与学生已进行多次谈心谈话，并尝试通过发自习计划、学习总结等方式督促其提高学习效率，为其联系课程助教单独关注学生情况，及时解答疑问。从学生成绩情况来看，这些措施有一定正面效果，后期单学期挂科情况有所好转，但最终累计挂科情况仍不乐观。

在多次谈话中，学生均表示自己愿意坚持就读，担心高考改革后压力较大，不适应新的高考，无法再满足家长期望。同时也会担心退学回去，家长会在亲朋好友面前丢脸，不愿申请退学。自己也已做好准备，每学期选课少一点，尽量不再收到学业警示，哪怕延期毕业，多学几年，争取能获得毕业证，再去找工作或考研提升学历。

第二，与家长定期交流学生真实想法，并告知学则规定，协助家长权衡利弊。

虽然学生已成年，但实际上心理年龄还不足以承担过多压力，对社会、未来的思考也需监护人参谋，所以辅导员需将学生真实想法、在校表现与家长及时沟通，协同家庭力量共同做好学生思想工作，解决学生学业困难。

第三，做好家长与学生的沟通桥梁，摆事实、讲道理。

鉴于家长对大学不太了解、学生不敢讲真话的情况，辅导员一方面与家长介绍大学要求、学生情况，帮助家长梳理学生未来发展规划；另一方面与学生本人谈话促其放松压力，帮助其客观认识个人能力、未来规划，重塑自信心。协同教务老师与专业课教师，梳理往年案例，为学生、家长提供处理此类问题的经验。

在与学生、家长反复沟通后，家长明确表示，如果最终很可能无法获得学位证，还是希望学生能退学回去重新高考，并表示已经联系好高中，希望辅导员协助家长一起做好学生思想工作。

谈心谈话过程

辅导员:小Y同学来啦,来这边,请坐。中午吃饭了吗?

小Y:导员好,中午吃过了。

辅导员:嗯嗯,最近刚刚开学,大三课程也比较多,还是得按时吃饭、睡觉,才有精神按时上课哈。听助教介绍,这两周课程你都有按时参加,怎么最近这么自律了呀?

小Y:之前落下功课比较多,怕不听课错过作业。

辅导员:真棒,能按时出门去上课!那最近老师留的作业,都能按时完成吗?有什么困难吗?

小Y:暂时还没有,刚开学作业比较少,基本都是预习,一些实验作业可能有点儿困难,会偶尔问问组里其他同学。

辅导员:不错,小Y能找到自己不会的问题,并向其他同学提出来,已经很有进步了,说明目前的学习你是在动脑子,找问题的。今天找你来,主要是想再和你聊聊未来规划的问题。上次和你聊天时,给你介绍了一位毕业时没获得学位证的学姐,你们后来加上微信有聊天吗?

小Y:嗯,加上学姐好友了,和她聊了聊现在工作情况,学姐还挺热心的。

辅导员:嗯嗯,这位学姐待人接物都很成熟,所以在她发现自己不太适合这个专业以后,再加上无法获得学位证,最终她在求职选择时坚定去投一些产品经理、销售等岗位。你和学姐聊了当时她的想法吗?

小Y:嗯,这些都问了,学姐也说自己的确是对专业领域缺乏自信,反而更喜欢与人打交道,现在工作收入不如自己同学多,当时找工作时也一直被拒,但觉得自己还是更适合这类工作。

辅导员:看来学姐也和你聊过了她求职时遇到的困难,很可能这也会是你未来求职时遇到的困难。虽然不是只有大学生才能找到工作,但在当今社会学历确实是个入门的门槛儿,在这个范围以外,可能就需要付出比其他人更多的努力和辛苦,才能挣到钱,当然可能收入也不会非常可观。这个情况你有考虑过吗?付出与收获或许可能不成正比，甚至很可能会找不到你比较满意的工作。

小Y：有考虑过的，我能接受，什么工作我都能做的，我花销也不太大，挣一些钱就能生活。

辅导员：看来你是做好吃苦的准备了。那你考虑过未来可能需要的生活成本不止一些呢？比如你的父母可能会需要你照顾，未来你也会成家立业，下一代的教育、成长都需要经费。这些预算你都有算进去吗？

小Y：我可以不结婚，自己过日子就行，家里现在父母都有工作，未来也有退休金，不太需要我养他们。

辅导员：嗯，那咱们来看看你目前的学业进度吧，到目前为止已经是大三上学期，你修完了63.5学分，本专业一共是150学分左右，而其他同学目前基本已修完100多学分，显然你进度上稍微落后了。很可能你会比其他同学要晚毕业，这样你的简历上就是五年或六年的学习时间，最后可能还只有毕业证，没有学位证。再加上你之前提到过，对这个专业并没有兴趣，甚至在遇到不会的问题时还有些排斥，这样的学习状态可能还会保持3—4年，你做好这个心理准备了吗？

小Y（沉默一会儿）：应该可以吧。

辅导员：你现在身边的同学，大概只能陪你两年，等他们毕业后，可能你在这个学校认识的同学就更少了，能和你交流学业、心情的人也少了，到时候会不会给你增加更多负担，特别是看到同届的同学都获得双证、升学或工作时。

小Y（沉默一会儿）：没事吧，我认识的人不太多。

辅导员：嗯，很好，看来你也基本做好了一些心理准备，不过建议你还是多想想这些场景，可能也不是现在听说的这么容易接受。之前你说，是因为担心家长丢脸，也觉得自己再回去家乡，让其他同学知道丢人，才不想回去复读，而不是因为对专业学习还有执着，是不是？

小Y：对吧，而且两年了也都忘记高中知识了，现在还改革了，怕考不到这么好的学校了。

辅导员：你能考上南开大学，就说明你的高中学习能力一定是没有问题的。但术业有专攻，就像你之前提到的，你填报志愿时并不清楚这个专业具体学的是什么内容,就只是听说好找工作。真的学习以后发现自己没有兴趣,今后也不打算从事相关工作,既然如此,有毕业证的意义真的有这么大吗?回去再重新学自己擅长的东西,认真准备一年,老师相信凭借你的基础肯定是没有问题的。

小Y:但……都学到这时候了……

辅导员:学习不仅仅是为了找工作,也是自己生活的一部分,在你这个年纪更是占据了生活的绝大部分。如果学习这个专业让你一点儿都体会不到快乐,甚至还有厌恶,那真的有必要坚持下去吗?何况你还能再用你擅长的基础学习,再争取一次选择机会。有了这两年的经验,无论是志愿填报,还是大学的学习适应,你都一定比同届学生成熟更多,这样换个“赛道”,是不是也不算“倒车”?

小Y:嗯,时间成本上其实也差不多,但不想回去被爸妈骂,觉得对不起他们。

辅导员:你知道吗,你的父亲也反复在和我沟通,和你一样,比起学业,他更担心你的心情,担心你快不快乐。只是他问你你也经常不说,他只能在我这了解你的想法。他实在是太担心了,这会儿已经到校门口了,就想见面和你认真聊聊想法,他想尊重你的想法,无论做任何选择,他都想听你多和他说说。

小Y:哎,还是让他专程跑来一趟,太远了。

辅导员:所以你看,家长不是担心你去还是留,他们只是担心见不到你的面,怕你一肚子话但不好对他们讲。无论你讲什么,他们都愿意听的。

小Y(沉默一会儿):嗯,老师,他既然来了,我和他再聊聊吧。

辅导员:和爸爸坐下来好好聊聊你的想法,也顺便带他逛逛天津或者学校,让爸爸知道你正在变成熟,这才是对你放心的最好证据,而不是什么都不讲,自己扛住一切。

小Y:好的老师,我会的。

案例思考总结

退学不仅是一个结果,也是一个过程。一方面,高校学生申请退学涉及社会环境、家庭环境、学校环境和学生本人的综合因素,高校需在需充分考虑各种因素特别是关键性因素基础上,帮助学生及时、尽早了解现实状况,全面评估选择后果,明晰人生价值，激励其追求更适合自己的人生选择；另一方面，对于有可能申请退学的学生，需逐步正确引导学生本人、家庭尽快接受、合理看待可能会引发的心理问题、家庭矛盾等次生问题，特别是学生对自身能力的认知、社会地位的怀疑。

第一，从入学开始普及退学概念。新生入学是学校开展新生适应性教育的重要阶段，也是规范性教育的关键阶段。将退学工作的流程、含义等明确告知新生，有利于学生客观、快速了解退学工作的意义，使学生更好规划大学生活。

第二，重视过程性预警，告知结果可能性预期。大部分高校都制定了学生学业预警机制，对出现学业困难的学生有不同等级的预警，达到一定程度后学生将直接面临退学；而因心理问题、家庭因素等申请退学的学生，一般都会有问题发展期、爆发期，最终面临退学。为此，在退学前，学生一般都会犹豫、迷茫与担心，此阶段也正是学校干预、家庭重视的重要时机。这就要求学校、家庭要协同起来，共同关注学生思想动态及现实表现，以便及早介入、干预。

第三，建立咨询、支持体系，协助学生、家长直面退学工作。辅导员、班导师及教务老师应为学生、家长做好退学的咨询工作。首先，帮助学生及家长降低退学焦虑感，调节自身状态；其次，明确退学的两面性，退学也可以是人生新的机遇与挑战，可以“重开一局”，拥有新的可能，退学是对自己价值、能力的重新辨识；最后，和学生强调选择的重要性，无论是否申请退学，都是自己勇敢做出的选择，要付诸实践、承担责任，直面新挑战的成功或失败。总之，学校、家庭应在学生退学过程中，建立起支撑体系，向学生传达“退学不等于失败”“只有奋斗，才是有意义的人生”等正能量。

第四，开展后续帮扶。没有退学的学生，学校需重点关注其在校表现及学业情况，定期谈心谈话，做好学业、心理或家庭等帮扶。已退学的学生，可能会彷徨一段时间。这就需要学校在一段时间内持续跟踪已退学学生，除帮助其完成档案、党团关系等转接工作，还要开展生涯指导工作，进一步协同社区、家庭帮助学生尽快适应现状、融入社会、选择人生。退学学生也是校友资源，同样有可能继续成为高校培养的人才，因而需给予后续关心与指导。

扣好学术的第一颗纽扣

案例撰写人　杨晓颖

案例背景

小A同学是一名大三的本科生，日常比较低调、内敛，入学以来总体表现良好。据同学反映，期末课程成绩出来以后，小A发现自己某课程的论文成绩较低，与预期成绩相差较大，他对此感到十分疑惑，情绪低落。辅导员及时联系该课程的任课老师了解小A的日常表现，并询问小A该课程成绩较低的原因。据老师反馈，小A课堂上比较安静，期末课程论文成绩低是因为其论文涉嫌复制抄袭。了解情况以后，辅导员立即联系小A进行谈心谈话，询问他是否认识到自己存在学术不端的行为以及这么做的原因，并对他进行批评和引导教育。

谈心谈话准备和思路

这次谈心谈话安排在学院小型会议室。小型会议室具有会议室整体的特性，严肃庄重，环境安静，适合谈论较为严肃的学风建设话题；同时空间较小，比较私密，可以拉近谈话者之间的距离。此次谈心谈话的目的，主要是了解学生真实的思想动态，提高学生学术道德意识，从学术生涯的起点抓起，帮助同学扣好学术的第一颗纽扣。

谈心谈话过程

辅导员：小A，听同学说，你最近因为期末课程成绩的事情比较苦恼，可以跟老师说一下吗？

小A：谢谢老师的关心。我们有一门课程的结课方式是写论文，老师的效率很高，成绩已经出来了，但是给我的分数很低。

辅导员：嗯嗯，那你有没有找任课老师弄清楚情况呢？

小A：没有，我不好意思找老师问。

辅导员：为什么不好意思呀，任课老师是最了解同学们成绩的情况的，也很乐意回答学生们的疑问。

小A沉默不语。

辅导员：小A，咱们都是三年的老朋友了，不用不好意思。老师也是从大学阶段走过来的，也带了这么多学生，知道这个阶段学生比较迷茫、懵懂，对很多事情不太了解，但是没关系呀，帮助学生答疑解惑就是老师存在的意义。

小A：嗯嗯，老师，我觉得我可能犯了一个错误，这个课我的论文成绩低的主要原因应该是文章中有几个地方我复制了别人的论文，或者是把人家的句子稍微换了一种表达，改成了自己的。我本来性格就比较内敛，再加上犯了错，就更不好意思联系任课老师了。

辅导员:这样啊。首先,老师非常开心你能够意识到自己存在学术不端的问题,并且有主动承认错误的勇气。你们这个年纪犯错不可怕,知错能改善莫大焉。其次,老师更想知道你这么做的原因是什么,是不会写论文吗?

小A:是的,我感觉我不太会写论文,每次都写得像大白话,整个文章的逻辑框架也不是特别清晰,这也是一直困扰我的一个问题。所以在查找资料的过程中,我看到主题和我类似的、写得比较好的论文,就直接复制放到结课论文里了。

辅导员:谢谢你诚实地告诉我原因。你缺乏社会经验,不知道学术抄袭的严重性,但老师必须要对你的大学学习生活甚至未来负责。首先,老师必须批评你这种错误的行为。学术造假、剽窃、抄袭都是非常严重的学术不端行为。你这种情况已经是故意抄袭了,最直接的后果就是你的成绩受到影响,情节更严重的话,按照学则规定,有可能被全校通报批评、记过或面临学业警示、退学等处分。这不是小题大做,而是老师希望大家能在日常的学习过程中养成良好的学术习惯。明年你就大四了,要写毕业论文准备毕业了,如果在撰写毕业论文的过程中,同学们也抱有侥幸心理复制别人的论文内容,剽窃别人的论文思路,一经查处,会面临着撤销学位证、记入人事档案等严重后果。这些弄虚作假的行为,不仅不会提升你的科研水平,更违背了做人诚信的底线,也违背了做学术实事求是的精神,要是人人都这样做,对于那些一辈子认认真真搞研究的人而言,是非常不公平的。

小A:谢谢老师和我讲这么多。我之前没有认识到抄袭的严重性,抱有侥幸心理了。我以为自己就复制了几句,老师要看这么多同学的论文,而知网论文那么多,我找的论文老师不一定看过。所以我以为老师不会发现我复制了别人的论文内容,但其实我内心一直不安。

辅导员:其实在与你交流之前,我已经联系过任课老师了解情况了。据老师反馈,给你低分确实是因为论文存在抄袭的现象。任课老师都是所任课程领域的专业学者,他们可能已经教了这门课十几年甚至几十年了,对相应领域的权威研究成果一定了如指掌,也会及时追踪研究的最新动态。所以,老师们其实能非常容易地看出同学们的论文是否存在抄袭嫌疑。这次任课老师给你论文低分也是警示你在以后的学术活动中遵守学术规范,希望你能引以为戒。

小A:明白了,回去以后我会主动联系任课老师说明情况,向老师道歉。

辅导员:嗯嗯,你是个明事理的同学。刚刚你说到不会写论文,也就是论文表达缺乏规范化和学术化,对吧?

小A:是的老师,我想听一下您的建议。

辅导员:不要给自己压力太大。不会写论文是大多数本科生都存在的情况,这很正常,甚至很多同学到了研究生阶段依旧不会写论文。不会写的主要原因我认为可能是同学们缺乏持之以恒的论文阅读和系统的学术锻炼,也就是看得少、写得少。作为本科生,你们还有很多时间,可以从现在开始,建立日常阅读权威期刊论文的习惯,结合专业培养方案给自己制定学习计划。比如两天读一篇论文,或者一周读几篇论文,在阅读的过程中记录好笔记,分析他们的论文框架、观点是如何论证的以及如何用学术化的方式进行表达等等。等阅读到一定的数量,量变引起质变,你会找到写专业论文的方法,这个时候就可以开始动手写自己的论文了。

小A:好的,谢谢老师的建议,我觉得很有道理。我自己日常确实是缺乏与论文相关的阅读和练习,等到期末需要写论文的时候才开始手忙脚乱,写不出来。

辅导员:嗯嗯,慢慢来,不断积累,日常养成良好的学术习惯,不要"书到用时方恨少"。你也要对自己有信心和耐心,很多学术大佬都是日复一日的坚持才换来今日的成果。我也不是专业的授课老师,只能和你分享一下我的经验,回去以后你也要多多主动与任课老师们沟通,向他们请教如何写一篇优秀的论文。

小A:嗯嗯,真的非常感谢老师主动找我谈话,让我了解了很多之前不清楚的规则,也给予了我这么多建议和宝贵的经验。

辅导员:不客气,这是老师应该做的。这次的事情一定要引以为戒,下不为例。再开学就是新学期了,新的学期新的开始,好好准备自己的毕业论文。同时老师也希望你能在日常的学习中主动帮助其他同学树立正确的学术道德意识。

小A:好的,谢谢老师。我会帮助班长、学习委员,力所能及地让大家认识到学术道德的重要性,弘扬优良学风。

辅导员:好的,遇到难题也可以及时找我,我们一起解决。

小A:好的,请老师放心。

案例思考总结

这次的谈心谈话效果总体来讲是不错的。首先,这位学生的性格是比较安静内敛的,所以我在谈心谈话过程中采取鼓励、引导为主的方式。其次,学生意识到了自己的行为是错误的,我能感受到他犯错以后不敢和老师讲的害怕情绪。一方面,为了拉近与学生的距离,我从他的角度进行考虑,告诉他老师也体验过大学阶段的茫然,也有很强的自尊心,鼓励学生大胆说出内心的真实想法。另一方面,清楚学生这么做的原因以后,作为辅导员,我对其进行了严肃的批评教育,让学生正确认识学术道德,增强学术责任感。最后,鼓励该生建立正确的学习理念,养成良好的学术习惯,主动担任优良学风的建设者。

科研诚信和良好学风是科学事业繁荣发展的前提,是建设创新型国家的基石。在接下来的工作中,我会持续关注该同学的思想动态和日常学习情况,进一步增强学风建设宣传力度和制度监督管理,以教育和监管相结合的方式落实学风建设工作,从源头上杜绝学术不端行为,使学生树立诚信的学术精神。

学生日常事务管理

『我要上山去修道』

案例撰写人 刘越

案例背景

小D是一名大一新生,女生。某天,该同学与辅导员微信沟通,说有事情要当面来谈。在面谈时,小D表示自己想要休学一段时间,到武当山去学武术。辅导员对这一想法十分不解,所以在谈话中尝试引导小D说出自己的真实想法。经谈话了解情况后得知,小D与室友发生了矛盾,且小D性格内向,不善于向室友说明问题,这就导致其在宿舍中生活很不自在。此外,小D的父亲在其上学期间因心脏问题做了手术,正处于恢复期。小D家庭条件良好,且家中只有她一个孩子,父母几乎对她有求必应。

在第一次谈话时,因为小D对寝室矛盾难以接受,并向辅导员表示自己没法在寝室里生活,辅导员帮助小D梳理室友之间的关系,并且给她出了主意,缓和室友关系。小D表示愿意尝试一下辅导员提供的办法。

两天之后,辅导员主动约谈小D,一方面了解她与舍友的矛盾是否已经解决,另一方面了解学生是否遇到了其他困难导致她产生了这样的想法。

谈心谈话准备和思路

在谈话前，辅导员与小D父亲通电话了解情况，得知小D已多次和家里提出要上山学武术，但小D父亲认为小D不懂事，通过言语施压，迫使小D放弃不切实际的想法，把心思放在学习上。同时，小D父亲希望辅导员在谈话中了解小D想学武术的真正原因。

本次谈话的主要目的是引导小D对自己的选择产生清晰的认知，明确作为一名成年人应对自己的选择和人生负责，同时应小D父亲的要求，在谈话中问出小D的真实想法。

谈心谈话过程

小D：老师您找我。

辅导员：是的小D，坐吧。这几天和室友的关系怎么样啦？

小D：老师，我按照您说的办法，在水果店买了水果，还写了小卡片，给了室友。当天下午她看到了，就给我发了微信，我们把矛盾说开了，现在已经完全和好啦。

辅导员：那就好。你看，是不是很多事情不能憋着，一定要说出来才能解决。你不说我不说，慢慢的关系就冷下来了。

小D：您说得对，多亏了您的办法，现在寝室关系融洽多了。

辅导员：还有一件事啊，就是你前一阵子和我说的，想去山上学武术，现在是怎么样想的呢？

小D（沉默了一会儿）：老师，实话跟您说吧。我知道您肯定不想让我去，但是我现在已经越来越坚定这个想法了。

辅导员：为什么会产生这样的想法呢？我们先不说它的对错，起码它是同龄人很少选择的路。

小D：老师我和您说，您不要告诉其他人哦。我在抖音上刷到的视频，就是这个道馆发的。他们每天早起练武，晚上学习知识。强身健体的同时，还能规范我们现在的作息。我觉得自己太软弱了,需要这样的锻炼。

辅导员:小D,你为什么会觉得自己软弱呢?

小D:前一段时间,我室友夜里很晚还不睡觉,发出噪音把我吵醒了,我就大吼了一声,结果自己都要哭出来了。是我的性格太软弱了,不管是我和别人大声说话还是别人大声和我说话,我都会哭出来。而且我浑身上下一点儿力气都没有,作为一个女孩子,这样走上社会会有危险的。

辅导员:原来是这样。以前有人因为你所谓的"软弱"说过你吗?

小D:有啊,我爸爸就总说我身子太弱了。

辅导员:那我换个方式来问,有人因为你"软弱"欺负你吗?

小D:那倒没有。正如您上次谈话和我说的,现在周围的同学本质都是好的,只是表达情感或者说话做事的方式和我不太一样。但他们没有谁想真正去害别人。我回去之后仔细想了一下,我从小到大周围都是很好的同学。也正因为如此,我才不能放松懈怠了。

辅导员:那好啊。我们这样来考虑,通常来说,大家在大学有四年的时间,在这四年时间里我们可以学习,也可以锻炼。在学校里面锻炼身体,不能达到你的目的吗?

小D:老师,我要的是那种意境。每天在城市里生活太无聊了,他们的道馆在山上,每天呼吸着大自然的新鲜空气,隔绝城市的喧嚣,多安静啊。而且您想啊,我在大学期间如果不去做自己喜欢的事情,那该什么时候去做呢?等到我工作了就更不好找到这样的机会了呀。

辅导员:关于大学期间应该多去体验自己喜欢的事情,我的看法和你相同。我很支持同学们在年轻的时候多体验,多感受。

小D:哎,老师,我爸爸要是像你一样开明就好了。你知道吗,我爸爸可凶了。他在他们单位是个领导,回到家里对我和我妈妈也是颐指气使的。我有几次听到他在书房给单位下属打电话,真的特别凶。

辅导员:你和你爸爸说过你要上山学武术的想法,你爸爸是怎么说的?

小D:他说我不懂事,说总想一些有的没的,我看他才是上了年纪之后思想都固定住了,太顽固了。只要我不满足他的预期,他就会吼我。

辅导员:小D,你爸爸也是担心你的安全。可能和你沟通的方式有点儿粗暴,但一定是最关心你的。你家里就只有你一个孩子,你是爸妈眼里的宝贝,你爸爸妈妈肯定不能接受你出任何事情。

小D:老师您说得对。但这个地方真的不危险。您看,他们这里就像学校一样,有一个大院子,不能随意进出,每天有固定的日程和作息,还有老道长给讲课。而且我就去那边待一年,最多一年,也有可能半年我就想回来了。

辅导员:小D,我刚刚看到视频里面还公布了学费,半年就要几万块钱。如果这里真的很安全,你也坚持要去,老师不会阻止你的梦想,不过你要明白,成年人要为自己的选择负责。你现在还不能自己赚钱,你父母给你学费和生活费,都是他们的血汗钱,所以你也要和父母好好商量才行。起码你们要过去实际考察一下,确定了这里没有危险,才好送你过去。

小D:我知道了老师。我和您说,我每次没有钱就和家里要,我开学第一个月就花了一万五千块。我需要钱他们就会给我。而且我爸爸对我特别好,我高三的时候因为作业太多写不完,就和我爸爸说我不想写作业了,结果他第二天就找到了班主任,和老师说我们家孩子以后就不交作业了。我知道他们是爱我的,但是上山去学武术确实是我的梦想。其实我还有一个想法,就是借这次机会看一下这里正规不正规,我爸爸不是心脏不好刚做过手术吗,如果这里空气很好而且适合休养,我想让我爸爸和我一起到这里去养生。让他离开自己的工作一阵子,去其他地方玩一玩,说不定会恢复得快一些。其实这才是我最初的目的,我觉得哪怕用一年的时间都是值得的。但是我爸爸总是说我不够成熟,我也就不想和他说了。

辅导员:原来是这样。谢谢你这么相信我,和我说了这么多。从你的话里我可以感受到,你是一个特别孝顺父母也特别懂事的孩子。但是你独自去试探这里是否安全,风险还是太大了呀。既然这些话你没法和你爸爸说,老师帮你转达给你爸爸可以吗?

小D:老师,我爸爸听了这些肯定也觉得我在瞎胡闹。

辅导员:小D,你要相信你爸爸,他不会平白无故地责备你的,我也会和你爸爸说,希望他和你在沟通的时候注意方式方法。

小D:谢谢老师！那您忙着,我就先走啦!

辅导员:好的小D,有任何情况我们随时联系。

案例思考总结

在这次和小D的谈话中,我明显感觉到小D的内心世界非常丰富,但也能感受到她内心的不成熟。在谈话初期,我主要以询问和倾听的方式,了解小D的内心世界,鼓励小D和我说出自己的想法,到底是什么原因使得她一定要上山去修道。随着谈话的进行,我逐渐了解了小D的问题不是在于上山修道本身,而是在于和小D爸爸的亲子关系。在日常生活的各个方面,她和爸爸之间的沟通都存在着很深的隔阂。借此机会,我引导她去理解父母对她的担忧,并且明白做这个选择本身就带有一定的风险。小D在理解了父母的出发点后,又向我坦露了更深层的原因——她爸爸身体不好,她希望能找到一个场所供爸爸疗养。

在谈话中,我通过认可和赞同小D的观点,与小D形成了信任关系,从而成为小D的倾诉对象。也正是借由这一点,才能了解到小D的真实想法,并且告知小D爸爸,形成家校合力,共同来解决小D的问题。

这次谈话完成了预先设定的两个目标,即引导小D对自己的人生选择有一个清醒的认知,同时了解到小D内心深处的想法。

在谈话之后,我将小D与我反馈的话向小D父亲做了传达,小D爸爸理解了女儿的用心,并且与小D进行了多次沟通。小D和爸爸的心结解开了很多。之后,我也将定期询问小D的情况,帮助她顺利完成学业。

『没有人喜欢我，该怎么办？』

案例撰写人　王晓雅

案例背景

小A同学是一位大一本科生，男生，自入学以来，学习成绩位于中上等，擅长架子鼓，未谈过恋爱。入学后追求一位女同学被拒绝，一直郁郁寡欢，自暴自弃，觉得自己不配被喜欢，主动找到辅导员进行求助开解。辅导员提前联系了学生家长、舍友、任课教师等了解相关情况，并在谈心谈话中倾听了学生讲述的一些经历，了解其自卑的原因，根据实际情况指出他的认知错误，引导学生树立正确恋爱观，并鼓励学生热爱生活，不骄不馁，更好地投入到校园学习生活中去。

谈心谈话准备和思路

这次谈话安排在学院专门的房间，没有其他师生进出，学生的思路不会被打断，同时保护了学生的个人隐私。谈心谈话要达到两个目的：一是了解学生被拒绝后一蹶不振的原因；二是鼓励学生重拾自信，坚强自立，热爱生活。

谈心谈话过程

辅导员：来，小A，没关系，可以随意坐。

小A（低头坐下）：谢谢老师。

辅导员：最近怎么样呀？我看你的朋友圈前几天发了你参加的乐团的演出预告，还顺利吗？

小A：老师，您也关注我的朋友圈吗？前一段时间我在社团里负责打架子鼓，我真的非常喜欢打架子鼓，但是我妈妈对这个不屑一顾，她嘴上不说，但是我能感觉到，她对于我打架子鼓这件事情根本不关心。

辅导员：只要不影响正常的学习生活，能平衡好这些，有自己的爱好是一件非常好的事情，可以慢慢和妈妈沟通。

小A：老师，我从初中开始就参加社团打架子鼓了，真的很喜欢，我也有自己喜欢的乐队，真希望能和他们的鼓手打得一样好。

辅导员：老师也希望你能达成愿望。对了，你今天来找我，是发生什么事情了吗？

小A（抬头看向门外）：啊……是有一件事……

辅导员：没关系，这间教室我预约了，不会有其他老师同学进来。咱们今天聊的内容我会替你保密的。

小A：嗯嗯……老师，其实是这样的，我前不久被一个女生拒绝了，她不喜欢我。我觉得也正常吧，我长得不好看，学习也一般，又不太会说话讨女孩子喜欢，她不喜欢我是对的……您说，我可怎么办呢，我觉得这辈子都不会有人喜欢我了，这样一想，我觉得人生都没有意义了。

辅导员(轻轻拍拍学生的后背)：你知道吗，被拒绝其实是一件很正常的事情呢。每个人都有自己选择恋爱对象的标准，你和一个女孩子的标准不符合，并不代表你不优秀，也并不代表不会再有人喜欢你了。

小A：不是这样的，老师。在初中和高中的时候我都分别喜欢过一个女生，但是他们都看不上我。

辅导员：可以和老师讲一下吗？

小A：嗯嗯，可以的。高中的时候我喜欢一个女生，我其实和她不是太熟，我喜欢她，但她注意不到我，后来她喜欢上了我们班的另外一个男生，我就放弃了，好好学习。毕业之后我听说他们分手了，我就约她出来玩，结果她也没有答应，哎……我就知道，我一点魅力也没有。

辅导员：你也说了，你们不是很熟，这和你有没有魅力没有关系。况且高中的时候你没有过于在这件事情上用力，而是专注在学习上，考入了南开大学，也证明你是一个优秀的孩子。

小A：您说的对，确实那时候我们不太熟，这样想想，她没有接受我贸然的邀请，也是正常的。老师，给我打击最大的是另外一件事，那是我上初中的时候，我喜欢一个女孩子，虽然没有表白，但是大家都知道，那个女生知道后，就对我很鄙夷，班里同学也都风言风语的，说我也不看看自己什么样子，根本配不上那个女生。老师，我连喜欢她的权利都没有吗？我真的很难过。从那以后我就变得很自卑，总觉得自己配不上喜欢的女孩子，也没有人喜欢我。之后发生的事情更是证实了我的猜想，我这个样子，真的没有女孩子喜欢我，长得一般，也没有魅力，简直一无是处……

辅导员：小A，不要因为少数的事件而否定自己，也不要因为他人不当的言论或者行为而惩罚自己。你看，你考入了咱们南开大学，并且在年级中成绩属于中上游，证明你是聪明用功的。再者，你很擅长打架子鼓，这就是你独特有趣的地方呀。人没有十全十美的，同样也没有一无是处的，不要因为生活中的偶然去全盘否定自己嘛。你仔细回想一下，和室友的相处中，他们有觉得你不好吗？

小A：那倒没有，我和室友相处还可以。我们还经常互相带饭、讲题什么的。

辅导员:那你觉得,如果请舍友来评价你,他们会像你说的那样,觉得你一无是处吗?

小A(想了想):我想大概不会吧……对了,之前我给小B讲题,他说我思路挺清晰的,还说过也想学学架子鼓。还有一次小C生病了,我帮他买退热贴,陪他去医院,他特别感动。

辅导员:这样看来,你的同学是认可你的对不对。那老师想再和你一起想一想哈,如果是咱们的班导师D老师,你觉得她会怎么评价你呢?

小A:嗯……我上次去找D老师问问题,她还夸我积极思考,善于发散……还有一次……老师,我觉得D老师应该会说我学习比较扎实、思考认真吧。

辅导员:你看,我们一起分析了咱们同学、老师对你的看法,并不像你说的那样呀,相反,老师同学们还觉得你思路清晰,学习扎实,积极思考,喜欢架子鼓,有自己的兴趣爱好,在生活中也关心他人、热心助人,对吗?

小A:是的……老师,我顺着这个思路来想,其实还有挺多的人夸过我,他们如果评价我,肯定不会都是消极的,我不应该这么颓废。可是老师,既然这样,为什么没有女孩子喜欢我啊,为什么我喜欢的人都不喜欢我呢,难道是因为我的长相、我的性格、我的所有地方都不讨女孩子喜欢吗?

辅导员:小A,老师注意到,你刚刚用了两个“都”,这是很绝对的。据你所说,你过去追求或者喜欢过三位女孩子,但是她们的拒绝并没有代表所有女生的态度呀。喜欢或者不喜欢,这都是很正常的事情,并不能说明被喜欢或不被喜欢的人好坏与否。恋爱是一件相互的事情,你觉得,如果有一位学习成绩优异、美丽善良的女生喜欢你,但却不是你理想的恋爱对象,比如你们可能在学习生活中没有共同话题、你们的性格不大合适,这样你会接受她的表白呢?

小A:大概会拒绝吧……虽然她喜欢我,但是如果我不喜欢她,和她聊不到一起,那即使在一起也不会快乐……

辅导员:是这个道理,那你再想一想,你拒绝她的原因,会是她一无是处吗?

小A:那应该不会吧,老师,在您刚才的假设里,她其实有很多优点,我们只是性格不合适、没有共同话题,但是这也不能说明她这个人一无是处吧,这样说不太合适。

辅导员:那我们把角色换回来再想一想,其他人拒绝你,也并非因为你不好,而可能只是因为你们不大合适,不适合作为伴侣相处,你想想看呢?

小A:老师,好像确实是这样的!

辅导员:那和老师说说看你现在的想法。

小A:老师,其实我也是因为情绪太低落了,所以一直在自我贬低,但是咱们今天的谈话让我想到了很多,并不是所有人都否定我,也并不是所有人都觉得我一无是处,我因为过去的一些事情,在感情上有点儿自卑,所以一遇到这种事,就老是自我否定。但是事情并没有那么糟糕的。我在学习上还不错,虽然没有名列前茅,但是我的学习思路清晰、善于思考,生活中我也能和同学相处得不错,而且我还有自己追求的兴趣。谢谢您!

辅导员:你能这样想真的很好,要自信一些,提高自我,正确地看待恋爱呀。另外,不要遇到挫折就自暴自弃,生活中也有很多美好的事情值得你去关注,很多人值得你去交往,不要自困自囿。期待看到一个自信阳光的你!

小A:老师您放心,我会加油的!

案例思考总结

此次与小A进行谈话,效果良好。首先以小A感兴趣的架子鼓作为话题开启谈话,拉近与学生距离,营造良好的谈话氛围,引起学生的兴趣。同时保证谈话空间的隐私,打消学生吐露心声的顾虑。在谈话中可以看到,因为初高中的一些经历,小A产生了自卑的心理,不能正确地认识自我以及看待恋爱情感。在谈话中,以事实为依据适当赞扬学生,一定程度上使学生逐步淡去低落情绪,然后引导学生想象他人对自己的评价,能够使学生更全面、正向认识自己。指出学生在恋爱、情感等认知中的偏差,使学生正确看待情感,引导学生逐步走出因告白失败而产生的郁郁寡欢的情绪,发现自己的优点。同时也告知学生不要觉得生活中只有恋爱一件事,要将目光放远,热爱生活。下一步,我也将继续跟进这名同学的情况,保持联系。

『当我的生活全部出了问题』

案例撰写人　王燕

案例背景

小A同学，男，本科二年级学生。考试周前，两位学校公选课老师联系辅导员，称该生未交期末作业，并且联系不上他本人。辅导员拨打该生电话，是关机状态，遂去宿舍寻找，发现已近中午该生还在宿舍床上睡觉。辅导员通过观察，发现学生对谈心谈话带有抵触情绪，不便将他约至其他地点，因而本次谈话发生在学生宿舍内。

谈心谈话准备和思路

小A同学性格较为冲动，曾经担任学生干部，较为热心，辅导员认为本次在考试周前发生这样的情况应事出有因。接到消息后，辅导员查询了该生的家庭情况和大一学年成绩，对该生加强了解。因事发突然，辅导员担心酿成危机事件，在了解该生基本情况后即前往学生宿舍。本次谈心谈话拟达到三个目的：一是了解学生目前的心理状况，以及不交期末作业的原因；二是使学生了解学校关于学生学习方面的相关规定，并认识到不认真面对学业的严重后果；三是尝试使学生敞开心扉，接受辅导员的劝导，完善自身性格，努力以更加积极的态度面对未来的生活。

谈心谈话过程

辅导员：小A，醒醒，我是辅导员，现在已经中午啦，该起来收拾下准备吃午饭了！

小A（并没有动身起床）：老师好。

辅导员：昨晚没有休息好吗？

小A：熬夜了。您找我有什么事？

辅导员：期末了，来看看你呀。手机怎么关机呢？联系不上让人担心。

小A：我不想让家人找到我。

辅导员：和家人吵架了吗？

小A沉默。

辅导员：你可以和老师说说，也许我能帮你出主意呢。

小A还是没有说话。

辅导员：没关系小A，你也可以不跟老师说。其实每个人一生都面临处理各种关系的课题，其中处理和家人的关系是特别重要的一部分。别看在你眼中我已经是“大人”了，已经成家有自己的工作，但也面临很多和家人相处的难题，甚至比同学们更多，因为角色更多了嘛。和父母、爱人、爱人的父母的关系，有时真是有点儿头疼。老师想告诉你发生矛盾是特别正常的，但是手机关机、失联，并不能解决问题,只能关闭沟通的渠道,使问题更加恶化。

小A(略犹豫后开始讲述):在我出生之前,我爸爸就去世了,是一次工地上的事故,妈妈改嫁到县城,我跟着爷爷奶奶生活。这些年是我叔叔资助我的学费。叔叔家还有我的一个屋子,在我眼中他就是我的父亲。现在他要再婚了,把这个房子卖了,我也没有住的地方了。老师,我可以寒假留校吗?

辅导员:老师不知道你成长的经历这么不容易,真的好心疼你。

小A(开始啜泣):现在回去我只能回到村子里,在奶奶家找地方睡觉。我不想回去,想在学校过年,这些天我都没有接他们的电话。

辅导员(也流下眼泪):唉,那家人该有多担心你呢?都有谁给你打电话了?

小A:爷爷奶奶和叔叔。

辅导员:他们希望你回去过年吗?

小A:希望。他们之前说了让我回去。

辅导员:你离家这么远,每年只有寒暑假能见到家人,你也很想念他们吧。而且,他们该有多惦记你呀!老师没有接到过他们的电话,你不接电话就切断了他们跟你之间唯一的联系通道,老师也心疼这些疼爱你的长辈,尤其是老人,你父亲不在,他们盼着自己的孙子呢。

小A(沉默了一阵):我知道的。可是我生叔叔的气,我把他当成父亲,可现在他有了新的家庭,有了自己的女儿,所以他要卖房,让我居无住所。

辅导员:亲爱的小A,成年人的世界也许比你想得要辛苦。你叔叔这些年一个人,资助你可能也很不容易,现在他有了家庭,你不希望他幸福吗?卖房也许是迫不得已,也许是有过渡的打算,他一直疼爱你,我相信不能继续和你住在一起他也很难过。

小A:我知道叔叔也有苦衷,但我还是生他的气。

辅导员:我理解,叔叔是你最亲近的人。现在你不接他的电话,不知道他该有多伤心。答应老师,一会先给叔叔和爷爷、奶奶回电话报平安,让他们放心。寒假你也回去,当面和叔叔聊一聊,也许坐下来好好谈一谈,就能把心结打开。你这样一个人在这儿生闷气,也影响了学习,得不偿失的对吗?寒假你自己在这里,老师也不放心，生活上我会跟你叔叔沟通一下，尽力保证你的日常起居，你看可以吗？

小A：好吧老师，谢谢您。我会给他们回电话的，考完试也回去。但是我觉得我这次期末考试都会挂掉。

辅导员：最近被家里的事影响心情，没有复习吗？老师了解到，你有课程作业也没有提交。

小A：有家里的事影响，也有别的原因。那门课程的老师批评我的笔记，他根本什么都不知道，凭什么批评我，我一直很喜欢那门课，付出了很多精力，但从那以后我再也不去上课了。

辅导员：小A你有没有发现自己的性格很冲动呢？老师如果对你提出批评，会有老师的理由，如果你认为老师说得不对，就要积极和老师沟通。从一个认真记笔记的学生变成不上课不交作业的学生，这种解决方式好吗？最后伤害到的又是谁呢？与刚才拒绝和家人沟通一样，你又一次在面对问题的时候选择了逃避，可逃避是最无效的方式。

小A：老师您说得对，我也知道自己脾气大，可有时就是忍不住。

辅导员：面对事情有情绪很正常，我们每个人在生活中都有各种各样的情绪。当消极情绪来临的时候，我们可以先接纳它，找个方式缓一缓，排解一下。冷静之后再思考，该怎么解决问题。如果能学会积极沟通，相信你之后的生活也会轻松和顺利很多！那和家人联系之后，跟任课老师沟通，把作业补交上，好吗？如果你需要我帮忙转达什么也完全可以，老师会跟你的任课老师联系，再了解你的学习情况哦。

小A：好的老师。唉，我也不知道怎么了，我的生活好像一团糟。其实我和室友也相处不来，他最近没有回来睡，睡到别的宿舍去了。

辅导员：在集体生活中，宿舍关系也很重要。室友们来自不同的城市，成长环境、生活习惯都不同，产生一些摩擦在所难免，关键还是沟通解决。你们的矛盾主要在什么地方呢？

小A：我觉得他有很多小毛病，我挺忍让的。最近我心情不好，打游戏多一些，他就忍不了搬走了。

辅导员：你有在主动包容对方我觉得很好，老师为你点赞。你打游戏花费了不少时间吧？老师听说你最近很少出宿舍，这也是我今天来的原因之一。昨天熬夜也是在打游戏？

小A:是的老师，我确实打游戏到后半夜，我觉得在游戏中才能忘掉现实，不会心情那么糟糕。

辅导员:老师明白你最近遇到了很多烦心的事情，适当地游戏放松心情是没问题的。可是每天不出宿舍打游戏到后半夜，不仅影响了自己的身体健康，还影响了室友休息，这就不对了。何况已经临近期末，你也担心考试会挂科，再不及时复习，会产生严重后果你明白吗？

小A:老师我知道，我有时控制不住自己。

辅导员:老师也给你带来了《本科学生手册》，里面的学则部分有关于学分、考试、学业警示、退学等方面的相关规定，你要了解清楚。老师不是想吓唬你，也衷心希望你根本不会需要用到它们，但老师必须让你知道，如果再这样不上课、不交作业、不复习，会带来怎样的结果。同学们都是成年人了，要为自己的行为负责。打游戏获得的快乐只是非常短暂的，实际还是在逃避，但我们终究还要生活在现实世界中。当你结束游戏回到现实之后，会觉得更加空虚。小A，这些年你在艰苦的环境中，考入重点大学，老师非常为你骄傲。你的学习能力、意志品质都是出类拔萃的，老师相信，只要你坚持下去，在大学一样会取得非常好的成绩，你的未来也会非常光明。等你毕业的时候，无论以出色的成绩读研还是工作，你都可以回报爷爷、奶奶和叔叔的养育，虽然他们可能并没有希望你回报什么，能看到你过上自己想要的生活，看到你顺利开心就是他们最高兴的！

小A(再次啜泣):我当年确实是乡里唯一考上大学的，而且是重点大学，村里举办了一个庆祝仪式。可我现在要让他们失望了。

辅导员(流泪，找纸巾也给小A递到床上):小A你真的很棒。相信我，你没有让他们失望，未来也不会。大一时你担任社团的学生干部，干了许多工作，也很有自己的想法，老师都看在眼里。你是家乡的骄傲、亲人的骄傲，振作起来，打开心结，未来你也会是南开大学的骄傲！

小A:谢谢老师相信我，我会努力的。

辅导员:老师还要提醒一下,按照学校的学生住宿管理规定,学生不得私自调换房间。你和室友沟通一下,如果确实需要调整宿舍可以跟我说。但老师更希望你们能找到一个方式,解决现在的问题。毕竟住了一年多,也是有情谊在的嘛。

小A:好的老师,我会和他沟通的。

辅导员:好啦小A,快起来收拾吃中午饭吧,要积极调整作息,不要熬夜了哦!我们再约时间聊。

案例思考总结

本次谈话发生的比较临时,学生全程未下床,一直在床帘后进行交流。辅导员也没有再尝试让学生下床,而是以他舒服的方式谈心。一开始察觉他对谈话带有抵触情绪,不想讲和家人的矛盾时,辅导员讲了自己和亲人相处之间的一些问题和家庭矛盾(谈话记录予以简略处理),通过分享自己的故事拉近与学生的距离感,使学生感到亲切觉得老师对他很信任,并明白和亲人之间有矛盾是非常正常的事情,也不必不好意思说出来。当听到小A的故事后,辅导员发自内心地感到心酸、同情和心疼。虽然隔着床帘交流,但学生能听到辅导员的哽咽,也能感受到老师对自己的真心和真情,从而更加信任老师,愿意说出自己面临的困难和问题。

在本次谈话中,辅导员充分尊重学生,多次以提问的方式引导学生表达,并努力给予他充分的情感支持和鼓励。虽然是学业问题引发了本次谈话,但是辅导员还是对他过去的成绩给予肯定和赞美,这有利于提高学生的自信心和自尊心,重新坚定认真学习的信念;在关键时候,亦严肃告知不努力学习会导致学业警示等严重后果,使学生明白要为自己的行为承担责任。

本次谈话基本达到了三个预期目标,也使辅导员了解到小A面临学业困难、经济困难、家庭矛盾、宿舍矛盾、游戏成瘾、性格冲动等多方面问题,需要持续关注和多次谈心谈话。接下来,辅导员分别与其家人和任课教师沟通该生的生活和学业问题,在各方面予以帮助,为学生的成长保驾护航。

优等生的『翻车』时刻

案例撰写人 相羽

案例背景

小W,研究生二年级学生,成绩优异,专业排名常年第一。本科期间,多次获校级奖学金和荣誉称号,担任班委和学生骨干,深受师生喜爱。大三时,获得了全额奖学金出国学习一年,本科毕业后因成绩优秀获得推免资格,继续攻读硕士学位。尽管成绩出众,但小W的求学之路并不轻松。小W来自一个普通农村家庭,父母一方无固定职业,家庭经济压力较大。为了减轻家庭负担,大学期间他不仅依靠助学贷款、助学金和勤工俭学维持生活和学习,还经常利用课余时间做家教和兼职工作,展现了极强的自律和责任感。然而研究生二年级暑假期间,他将宿舍床位租给校外人员,干扰其他楼层同学休息,被楼长发现。生活指导中心接到部分同学的反映后介入调查,并要求学院依规处理。

谈心谈话准备和思路

辅导员通过平时观察和查阅小W的信息档案，详细了解了他的家庭背景、经济状况和个人特点。了解基本信息后，辅导员意识到，小W做出这样的行为，可能是出于经济压力和好意帮助朋友。因此在谈话中既要指出他的错误，又要表达理解和支持。辅导员希望通过耐心引导，能够让他认识到错误的同时，感受到学校的温暖和关怀。

学校有明确规定："学生应遵守学校住宿规定，禁止出现下列违规行为：(一)擅自留宿他人对擅自留宿本校在籍学生者，视其留宿具体情况和本人认 错态度，给予全校通报批评或警告处分；对擅自留宿非本校在籍学生者，给予严重警告处分。(二)转让床铺对将本人床铺转让给本校在籍学生者，给予全校通报批评；对将本人床铺转让给非本校在籍学生者，给予严重警告处分。(三)出租床铺对出租本人床铺及出租房间空余床铺者，将责其上缴出租床铺所得收入，并给予记过处分。"

谈心谈话前，辅导员制定了详细的谈话策略，希望通过这次谈话帮助小W认识到自己的错误，要避免学生产生抵触心理，而是以关心和引导的态度进行谈话。先让学生陈述事情的经过，了解他的出发点和动机。帮助学生理解学校规定的重要性和必要性，以及违反校规可能带来的后果。最后为学生提供具体的解决方案，帮助他解决经济困难，避免再次出现类似的问题。

谈心谈话过程

辅导员：来，请坐。最近怎么样？暑假过得怎么样？

小W：老师好。最近挺好的，暑假我去企业实习了，谢谢老师关心。

辅导员：嗯，你学习一直特别努力，对自己未来目标也很明确，我们对你都很有信心！

小W笑了。

辅导员：时间过得真快，转眼你都要读研究生三年级了，就要毕业找工作了。老师很为你高兴的。不过，今天我们还需要谈谈另一件事。

小W:嗯,老师,我知道,是关于暑假期间我宿舍的事情。

辅导员:是的,你已经知道了。根据生活指导中心的反馈,你在暑假期间将宿舍转给校外人员居住,导致同楼层其他同学休息受到干扰,并被楼长查房发现。你能和我说说你为什么会这么做吗?

小W(有些不好意思,低头):老师,我知道错了。那个同学想考咱们学校研究生,住在宿舍方便些,而且我一琢磨还可以通过这种方式赚点钱,也可以贴补一下家里,所以……我觉得这不是什么大不了的事儿,只是想帮个忙而已。

辅导员:我理解你有经济困难,也理解你出于好意想帮助别人。但你也知道,学校规定是为了保障大家的利益。宿舍里随便让校外人员进来,会有很多安全隐患,而且还影响了其他同学的正常休息。

小W(不以为然):老师,我当时没考虑这么多,只是想帮个忙,没想到会造成这么大的影响。

辅导员:咱们学校的校规明确规定了宿舍不能私自出租,这是原则性问题。这次生活指导中心和学院都很重视,必须要按照规定处理。你明白吗?

小W(不安):老师,我明白,我确实做的不对。

辅导员:很好,你能认识到自己的错误,这是第一步。按照学校的规定,这种情况还是要给予处分的。

小W:老师,我接受学校的处分。但我想和您商量一下,能不能不要给处分记录啊?您看,我成绩一直很好,如果有了处分,在处分期内我没办法参加评奖评优。按照我现在的成绩看,马上开始的奖学金评定我应该可以拿到的。如果没有这笔奖学金,这对我经济压力太大了,而且我也很珍惜评奖的机会。

辅导员:小W,我知道你很优秀,也很希望你能继续在学业上取得好成绩。但是学生住宿管理规定里面写的非常清楚,这种情况确实是要给予处分的。有了这样的处分,也确实没办法参与奖学金评定。咱们学校的奖学金考量是多维度的,德育方面是很重要的部分,这次你的行为违反了校规,从这个角度来看,确实不符合评奖条件了。

小W:老师,我没想到会有这么严重的后果。那我该怎么办?

辅导员:我理解你的困难,但学校的规定是为了维护大家的安全和正常的休息环境。希望你能明白并理解这一点。不过,我们会尽力帮助你解决实际困难。比如,你可以申请学校的勤工助学岗位,通过合法途径赚取收入。如果你有具体的困难,可以详细告诉我,我们一起想办法解决。

小W:谢谢老师,我会考虑这些途径的。

辅导员:这就对了,希望你能从这次的事情中吸取教训。以后要是再有困难,一定要通过正规途径来解决。你是一个非常优秀的学生,老师一直很欣赏你的努力。希望你能继续保持这种积极向上的态度,但同时也要严格遵守学校的各项规章制度。此外作为一名研究生,你不仅要关注自己的学业,还要培养自己的综合素质和社会责任感。你可以多参加一些志愿服务和社会实践活动,这样不仅能提升自己的能力,还能为社会做出贡献。

小W:谢谢老师的建议,我会多参加一些志愿服务和社会实践活动的。

辅导员:很好,希望你能从这次处分中吸取教训,未来更加成熟稳重。我们每个人在成长的路上都会犯错,关键是要勇于面对,敢于承担责任。相信你会成为一个更加优秀的人。

小W:谢谢老师,我会努力的。

谈话结束后,当晚,辅导员收到学生发来的微信:老师,通过这次谈话,我深刻认识到自己的错误。我之前没有充分考虑到学校规定的严肃性和这件事情可能带来的后果。我明白了,虽然帮助朋友是好事,但必须在遵守学校规定的基础上进行。今后我会更加谨慎地对待类似的问题,不再做出违规的行为。同时我会积极申请勤工助学和助学金,通过正规途径解决经济困难。我也计划多参加志愿服务和社会实践活动,提升自己的综合素质和社会责任感。谢谢老师的指导和帮助,我会努力改正错误,争取在未来的学习和生活中取得更大的进步。

案例思考总结

通过这次谈心谈话,辅导员认识到学生在面对经济压力时可能会做出一些不理性的选择。即使是那些非常自律、成绩优异的学生,也有可能会在特定情况下犯错。我们不能忽视这部分高要求、高自律的学生,特别是那些存在实际经济困难的学生。他们更容易在无助时做出不当的选择。因此辅导员需要在日常与学生有更深入的交流,定期沟通,了解其思想动态和生活状况,及时提供必要的帮助和支持。帮助学生解决实际经济困难、申请勤工助学岗位和临时困难补助,为学生提供更多的学业指导与支持,帮助其在学业上取得更好的成绩,鼓励学生多参加志愿服务和社会实践活动,提升综合素质和社会责任感。同时在处理此类违纪事件时,辅导员要坚持教育为主、惩罚为辅的原则,让学生真正认识到错误,避免类似问题再次发生。此外,也要加强对宿舍等学生生活区域的管理和安全教育宣传,从源头预防此类违规行为。

一次偶然的就业指导

案例撰写人 王钊

案例背景

小A同学刚刚进入大三，学习成绩在班内中等偏上，非常热衷于社会实践、志愿服务，还会积极主动承担学生工作，但从未考虑过毕业之后的选择，没有进行过系统的生涯规划，也未对就业展开全面且深入的探索。在开学初一次宿舍走访时，我们进行了一次“闲聊”，但这次“闲聊”却对她的人生提供了更多的选择。

谈心谈话准备和思路

谈心谈话的形式有很多，有一对一的聊天形式，比如学生在心理、情感、就业等方面存在困惑，想通过与辅导员的沟通来解决自身的困惑；也有一对多的谈话形式，比如召开班会、年级大会进行政策宣讲、团体辅导等。由于每名辅导员所带的学生数量众多，一对多的谈话形式有时会让工作流于形式，学生往往得不到“定制版”的规划辅导；同时由于辅导员事务性工作过多，只能利用碎片化的时间与学生进行谈心谈话，可能会使学生觉得辅导员在敷衍了事，增加了学生的反感程度。因此想要通过“谈心谈话”来解决学生实际问题，是需要精心设计与准备的。

随着学校“招培就”一体化改革的全面推进，大三年级是学生进行生涯规划的最终时间节点。为了能够有效地提醒每一名大三年级的学生，我决定利用开学返校走访宿舍的契机，与每一名学生“闲聊”一下生涯规划的内容，这样一方面能够提醒学生可以开始为就业着手做准备了，另一方面也可以通过“闲聊”内容找到切入口，更加了解学生们的需求，为他们进行“一对一”生涯辅导。

谈心谈话过程

辅导员：开学了，这个假期都干了些什么呀？

小A：这个假期过得可充实了，去年寒假我在我家联系了一个学校，我跟几个同学在那做了一周的志愿服务，寒假比较短，所以我们这个假期又去了一次，差不多一整个假期，我们都在那个学校支教。

辅导员：都放假了那边还有学生呢？

小A：是呢，那边主要都是一些留守儿童，放假了也有好多人在学校，我们在那有时候给他们上上课，有时候带他们做做游戏，每天都特别开心。

辅导员：那你们这一走，孩子们又得想你们了。

小A：去年我们第一次去的时候，那些孩子就特别喜欢我们，这一年多我们一直都还联系着，来来回回写了十几封信呢。

辅导员:那你们之后还去吗?

小A:去,我们几个商量好了,只要放了假就过去,我大一的时候就想找地方支教,但是很多地方放假都不需要我们,好不容易才找到的这个学校,我们跟他们的老师也说好了,放假了有时间就来。

辅导员:真棒,多有意义啊! 说说你吧,大三了,未来有何打算,毕业之后有什么想法?

小A:我还没想过这个问题……

辅导员:没关系,现在开始考虑也来得及,得提前规划,就跟你们做志愿服务一样,前期也得做一些准备才能找到合适的学校、合适的学生来支教对不对。

小A:嗯,反正我是想着大学顺利毕业,毕业之后直接工作。

辅导员:那倾向于找哪样的工作呢? 公务员还是企业?

小A:企业吧……我觉得我更适合去企业,但是公务员更稳定,我爸妈想让我考公。

辅导员:没关系,大三刚刚开始,你还有时间去考虑、去选择、去准备,还来得及,每个父母都希望自己的孩子能有一个稳定的工作,但是毕竟工作是你一辈子的事,还是要遵从自己的内心,找到适合自己的、自己喜欢的工作。

小A:好的老师,我考虑考虑,也跟我爸妈商量商量。

辅导员:那行,我再去转转其他宿舍,开学了看见你们青春洋溢的样子,我也很开心,就业方面有什么想法可以随时找我聊聊。

小A:谢谢老师。

辅导员:对了,你这么热衷于志愿服务,不考虑一下“支教保研”吗? 我记得你成绩也在前50%,应该是符合条件的。

小A:支教保研? 那是什么?

辅导员:中国青年志愿者扶贫接力计划研究生支教团,之前没听说过? 就是先去支教一年,回来继续读研,咱们学校每年有不到20个名额,你看你们现在的支教,都是这种碎片化的时间,既然有这个机会,考不考虑“用一年不长的时间,做一件终生难忘的事”?

小A:谢谢老师,我去了解一下!

案例思考总结

作为辅导员,“见多识广”是我们的优势,更是我们的资源,我们能为学生做的就是为他们提供更多的选择,并且在诸多选择中找到更适合他们的更优解。以小A同学的情况为例,她非常热衷于支教,却并不知道支教保研这条路,她的成绩不够学保,之前并没有考虑过保研的事,而是更倾向于本科毕业后直接工作,或许就是因为她之前并不了解相关的政策,才会在闲聊之后有所转变。

在之后的两年,她依然在做着很多大大小小的志愿服务活动,同时也在认真地为加入“支教团”做准备,最终成功入选了“支教团”。后来有一次交流,小A同学跟我说,她加入支教团就是因为那次在宿舍时的聊天,之前并没有想过毕业之后要干什么,也是从那之后就开始努力了。

可以看出,“闲聊”的好处一方面在于可以快速拉进辅导员与学生之间的关系,另外一方面就是可以真正了解学生实际的需求。“闲聊”能够帮助我们了解学生的思维方式、兴趣爱好等深层次的信息,从而能够为学生进行个性化定制的指导。

因此,这次对于A同学的就业指导,与其说是一次偶然,也可以说是必然,我们对学生开展工作不一定要多么轰轰烈烈、人尽皆知,润物细无声或许才是工作的常态。在培养学生过程中,有事没事多聊一聊,对学生也会有很大的帮助。

后进『综合征』的多角度『诊疗』

案例撰写人 张思彤

案例背景

小A同学，本科一年级学生，来自偏远地区，是经济困难生，性格内敛，不善言谈。大一上半学年的期末考试结果显示，小A同学的成绩并不理想，成绩排名处于班级的后5%，尤其高等数学和线性代数两门课的成绩未达及格，是一名需要学业帮扶的后进生。

某天，小A同学和同宿舍小B同学交流谈心，经过长时间交流，小B发现了小A在学业等方面面临的困难并反映给了辅导员。同时，小B劝导小A向老师或者成绩较好的同学寻求帮助，但是小A可能碍于情面并未行动。

谈心谈话准备和思路

本次谈话辅导员选取学院专门的谈心谈话室作为谈话地点，并通过温馨的环境营造放松、舒适的氛围。以轻松的对话方式，了解该生近期的思想动态。此次谈心谈话拟达到两个目的：一是纾解心结，帮助学生排解因学业压力而产生的紧张、焦虑等情绪，并鼓励其沟通交流；二是解决问题，帮助学生掌握科学合理的学习方法，适应大学学习模式的转变。

谈心谈话过程

第一步：开启谈话，沟通直入主题，明确谈话目的。

辅导员：小A下午好！最近忙吗？待会儿有事情吗？

小A：没啥事儿。最近还好，就是课程任务比较重。

辅导员：好，那咱们聊聊天，刚刚你说课程任务比较重，具体是哪方面呢？

小A：在数学学习这方面有点儿吃力。

辅导员：确实，我看你上学期的高数和线代都挂科了，也很担心你，咱们一起分析原因，想想办法。

小A：我觉得是我努力还不够。

辅导员：为什么这么说呢？

小A：高中管得比较严，课也比较多，上午下午甚至晚上都排满了。每天有老师管，也都按铃声作息，但大学轻松自由，课虽也不少，但没约束了，没课的时候老爱打游戏，学习变得散漫了。

辅导员：那老师布置的课程任务都来得及完成吗？

小A：有时候会觉得时间很赶，就会很焦急。

辅导员：那有没有思考过，除了打游戏，还有什么原因呢？

小A：自己会拖延，而且有时候再有社团活动，就没那么多时间。

辅导员：你现在是参加了什么社团呢？

小A:参加了一个书法社团。

辅导员:书法这个爱好可以继续保持,笔墨丹青之间都是有着自己独特风韵的,而且书法很适宜修身养性。但从目前来看,咱们要做好平衡。

第二步:动之以情,打开学生心扉,纾解学生心结。

辅导员:那当学习、社团各种事情都赶在一起的时候,你一般怎么安排?

小A:一件一件来呗,但有时候就会乱,瞎忙。

辅导员:一件一件来,不急不徐,很好。但有没有思考过先做哪件事后做哪件事,先后主次之分?

小A:我不太喜欢做规划,想到哪个做哪个,比较随性。

辅导员:但慢慢你会发现,无论是学习还是生活,都需要我们提前做好规划的。就学习来说如果不把时间合理安排,就会出现你先前说的,课程任务时间赶,心情焦虑等问题,严重的话会影响咱们的身体健康。

小A:是的,我也想尝试做规划,但又不知道怎么做才好。

辅导员:那我们一起来规划下。对于学生来说,第一任务就是学习。首先,咱们把时间分成上午、下午、晚上三段,每天拿出一个时段雷打不动地去图书馆或自习室来专注学习,固定成习惯,保证有足够的时间来完成学习任务。其次,我们要学会时间管理,咱们拿出一张纸,画一个坐标图,那在四个坐标上对应填上紧急、不紧急、重要、不重要(此时学生将坐标图做出来)。那这四个象限就是紧急且重要、紧急不重要、不紧急但重要、不紧急且不重要。然后咱们列出自己的一张待办清单,把这些清单上列的事情对应放入这四个象限中,看看分布。这个就是咱们要自己学会时间管理,在时间有限的情况下,先去完成紧急且重要的事情,比如像明天要交的课堂作业,那最后再去做那些不紧急且不重要的事情,比如打游戏。每周,按时间管理列出本周的计划,然后分出优先级,完成一项划掉一项,这会非常有成就感。等时间一长,也自然而然成为一种习惯。

小A:嗯嗯,谢谢老师,我回去按您说的试试。

辅导员:相信你学会了时间管理,把学习、社团、生活平衡好,学业上也一定会更上一层楼。除此以外,还有没有难以解决的其他困难?比如在学习中你觉得这些课程学习吃力不?

小A:挺吃力的,上课就有点儿跟不上了。

辅导员:确实,大学的知识是比高中难的,那你遇到不懂的怎么办?

小A:就自己看书,或者上网查查。

辅导员:有没有问问老师或者同学们?

小A:不太会。

辅导员:为啥呀?你直接问他们,不是解答更快吗?

小A:我不太好意思。我感觉我周边的同学都比我强,就比如我的三个室友吧,他们一个北京的、一个徐州的、一个武汉的,都是高考大省,不像我是来自广西的,好多知识在高中期间就没有学过,基础跟他们没法比,所以我怕我问题太幼稚……

辅导员:确实因为大家都来自不同的省市,教学进度会不一样,各省市高中的教育水平会有差别是很正常的现象。我以前带过的学生同样遇到过这种情形,但要放下心理负担,咱同学不会因为你的基础没有他好而嘲笑你,来到大学大家都是重新起跑的。像你们宿舍小B,他就是个小学霸,人又很热情,你俩可以结成这个一对一的结帮对,你有问题可以直接和小B交流,让他教教你的数学。但你看你不是喜欢书法嘛,他就不会,那你就教教他书法,这样就是两个人共同进步啦。

小A:嗯,我跟小B关系还挺好的,刚听您这么一说,我也觉得多跟小B请教学习也挺好呢。

辅导员:是吧,闻道有先后,术业有专攻。室友之间的互帮互助,还增近了你俩的感情,等以后工作了再回头看,会发现这段经历特别美好。你平时也多约约小B一起去图书馆,有个伴儿。

第三步:晓之以理,针对重点问题,给出措施建议。

辅导员:大学的学习,不像高中时期只把考试的知识点学会考试就够用了,在我看来大学的学习更多是掌握学习的方法,就拿这次挂科的高数和线代两门课来说,有没有发现这两门课程之间的相通之处,高数是基础,好多知识点在线代中也是融通的。

小A:是的老师,我就是觉得高数没学明白,后面再一学线代,就发现更糊涂啦。

辅导员:所以打好基础是非常重要的,刚刚咱们说的抓住身边的学霸是一个方,还有两种办法来提升咱的学习。一是课业老师和咱的班导师。回顾高中时,你遇到不会的题会直接去找老师吧。那大学也是一样的,每次课前预习、课上把自己预习中的不懂知识点学会,那没懂的点怎么办,下课拦住老师呗,问明白了再把老师放走。

小A:哈哈哈,老师你说的对。我看下课的时候,我室友他们就总凑在前面,下次我也一起去。

辅导员:对呀,你多向老师提问,说明你在认真学习、努力进步呀!咱的专业班导师也都是从学生时代过来的,是非常愿意与同学们沟通的。你在沟通过程中可以详细说明自己在专业课程学习、时间规划、心理情绪上的任何问题,班导师都会认真倾听并结合他自身的经验,给你提供非常具体的帮助。你有什么学习上的需求,都可以和班导师沟通的。在帮助你的时候,班导师也能更全面地掌握班里同学在校学习生活的具体情况,他也可以去帮助更多跟你一样遇到困惑的同学们,这样就一举两得嘛!

小A:哇,我之前怎么没想到这个方法呢。之前也是怕打扰班导师工作,一直不好意思去找他们寻求帮助。以后再有问题,我就不用自己憋着了。

辅导员:另外还有一个方法,那就是学校和学院的学业指导活动。你参与过咱们学校的学业指导中心举办的活动还有咱们学院的学业指导活动吗?

小A:没去过,我都不知道。

辅导员:学校学业指导中心汇集了校内很多非常优秀的学生助教,经常会通过专题讲座的形式来进行常规性的辅导,为咱们广大学子定期开办各类公共课辅导、专项辅导、讲座、英语口语交流课、学习交流分享会等活动。那咱们学院学生会也有专门的学业指导活动,比如高等数学和线性代数就有专门的帮扶小组,他们每周都会有固定的时间组织高年级的学姐学长和本年级成绩好的学生干部等来为同学们答疑,把历年来老师上课的重点和考点总结出来,这样能帮助你快速掌握重点知识,大家还可以一起交流学习方法,也解决你不好意思单独找人问问题的烦恼了不是吗?

小A:是的。

辅导员:今后,在学习上、生活上再遇到问题,也可以多来找我,我一直都在,为你们保驾护航。

小A:好的,谢谢老师。

案例思考总结

第一,是老师,也是朋友。应以朋友般的态度与学生建立对话关系,真诚沟通,让学生放松身心,信任自己,构建良好融洽的谈话氛围。

第二,先倾听,再引导。每个学生都渴望得到尊重和认可,倾听本身就是一种尊重和认可。应通过倾听,了解学生的思想,寻找问题,再加以引导。

第三,讲方法,会表达。将学业指导和措施建议合理穿插于谈话之中。通过谈话,在和谐轻松的氛围中帮助学生、解答学业困惑,给予建议,予以支持。

第四,多鼓励,少否定。心理学家调查发现,在谈话中不使用或少使用否定性的词汇,带来的效果比经常使用否定性的词语更好。在沟通时,应多使用正面的词语,肯定的表述。

第五,常跟进,共帮扶。联合班级委员和学业指导老师,及时掌握学生的学习情况,对相关学业困难学生进行“精准帮扶”,并长期跟进,积极解决学生问题,多给予学生安慰和鼓励。

『老师好，护旗手向您报到！』

案例撰写人　颜季凌

案例背景

小M，女，少数民族，本科生，具有良好的形象外表，并且内心具有正义感和较强的集体荣誉感。该生自述，新生入学后，因不适应汉语教学环境，且未系统学习过英语导致学习成绩不理想，在和同学的对比中发现自己不再是中学阶段的佼佼者而产生了较强的自卑心理。加之其少数民族的身份，小M认为他人都看不起自己，故而缺乏主动交际，性格敏感，在学习生活中情绪起伏较大。

辅导员深入了解该生内心困惑，经过谈心谈话，发现其具有较强的正义感与荣誉感，结合其优秀的外形条件，鼓励其参与所在学校的国旗护卫队，使得小M的集体荣誉感、归属感和爱国主义精神显著增加，最终促使她逐步走出社交困境，打开心结，顺利完成学业，最终光荣地成为奋战在家乡基层一线的人民公仆。

谈心谈话准备和思路

小M身上体现的问题复杂多样，但实际上这些问题具有高度的统一性，即均与其少数民族身份与敏感性格有关，一方面小M少数民族身份有语言交流隔阂，另一方面其敏感性格影响交流融入。从表面现象看到本质，从问题的根本结症出发对症下药，才能举一反三，彻底解决问题。

该次谈心谈话的思路是深入了解学生，发现问题根本，找出学生的特长，使学生产生价值感和自我认同感，直至摆脱困境解决问题。本例中辅导员敏锐发现了学生的特长，顺势引导其发挥特长加入国旗护卫队，使学生在集体氛围与向外社交中逐步摆脱原来的敏感心理，树立了积极向上的价值观，结交到了好友，进而逐一破解各项困扰，从根本上解决了学生之前出现的问题。

辅导员在一段时间内密切关注小M的生活学习状况，持续跟踪小M的思想动态，并就具体事件分次进行谈心谈话，在各个事件中具有层次递进、步步深入解决问题的逻辑关系。

谈心谈话过程

事件一：小M和她的舍友一开始关系相处不错，然而一次一名汉族室友在寝室内食用了非清真餐，正好被返回宿舍的小M撞见，由此双方发生了争执。

辅导员：小M，事情的大致经过我已经了解了，你的室友没有尊重你的民族文化习惯，没有顾虑到你的感受，她的行为确实不恰当，我已经与她沟通交流了。但是处理问题的方式有很多种。如果你用比较容易让他人接受的方式表达诉求，而不是在情绪的高点直接对舍友“开火”，是不是更合适一些？也更有助于对方接受、更容易实现你的目标，你觉得呢？小M，你心里是怎么想的呢？

小M：老师我懂，但是我实在接受不了那种味道，也不能接受她们在我面前吃。

辅导员：是的，作为辅导员，我会对同学们再重点讲一讲咱们国家的民族政策，也会多做一些工作，通过各种活动，增进各民族同学之间的了解，拉进彼此的关系。

你觉得怎么样?

小M:谢谢老师。那您说我该怎么办呢? 我和我舍友发了脾气,说了很重的话。

辅导员:你的室友现在在隔壁,我把她们叫过来一起协商,你们或许可以制定一个宿舍守则,让双方都满意,这样可以吗?

小M:好吧。

辅导员:好了,一个宿舍都聚齐了,室友或许是你们在大学四年中最亲近的人,今天你们有什么想法就在这提出来,我做个见证人,一旦约法三章,咱们日后就按今天约定好的办吧。小M,你先说说吧。

小M:唉,首先先道个歉吧。我不该说那些话。其实这也是你们第一次在我面前吃非清真食品,我的反应可能有些过激,但是真的希望你们能尊重我的民族信仰,以后能不能不要在宿舍里吃非清真餐?

室友A:可是我们点外卖到宿舍很方便,包括有的时候太忙在宿舍对付两口,难免会有非清真餐,也不能光依着你的习惯,少数还得服从多数呢。

辅导员:你们这样可解决不了问题,首先澄清一下概念,清真食品一般指的是不包含猪肉或猪油等添加物的食品,其实你们只要不在宿舍吃特定的食品就可以,或者你们可以商量着来,如果小M不在宿舍的时候可以吃,并注意开窗通风。

小M:是的,我还是很希望能够融入你们的,所以只要不让我感到不适就行,哪怕你们等我不在的时候吃,或者吃没有气味的。

室友B:那这样倒是可以,你后面可以跟我们说一说还有哪些你不能看见或者闻到的食物,我们尽量不在宿舍吃了。

室友A:或者我们实在想在宿舍吃的时候,事先告诉你一下,毕竟我们也有自己的饮食习惯。

小M:好,那就这么定了。

辅导员:早这样就可以了嘛,不过还得提一句,你们一起聚餐的时候可得吃清真餐哦,也很好吃的。不同民族的信仰和饮食习惯可能有所不同,但是你们要明白,这也是文化多样性的一部分,在这方面只有“求同存异”,才可以“美美与共”。

事件二:大三学年,小M在逛街购物时因情绪冲动与他人发生口角并伤害了他人,被送至派出所接受警方调查。恐惧无助的情况下,小M请警官给辅导员打了电话。辅导员立刻前往派出所,找到了泪痕未干的小M。辅导员安抚小M情绪并了解案件发生情况,积极协助警方开展调查,并对小M的错误言行进行批评教育。

辅导员:小M,我来了。你先别慌,深呼吸。具体是什么情况?你和老师说说?

小M:对不起!老师,我感觉那个店员因为我是少数民族,试穿了之后不买就辱骂我,一时气不过就把她打了,我太容易控制不住自己的情绪了。

辅导员:你自己有没有受伤?对方有没有受伤?拳头解决不了问题,你这么做就是错了。暴力只会带来更多的痛苦和后悔。

小M:我当时没想那么多,我感觉自己受到了冒犯。

辅导员:退一步海阔天空。想一想,当你挥舞拳头的时候,你的家人会多么担心,你的老师会多么担心。我们希望看到的是你用智慧和勇气去面对冲突,而不是用暴力。每一次你选择冷静下来,每一次你用话语而非拳头去解决问题,你就在成为一个更加成熟和受人尊敬的人。

小M:那我该怎么做呢,我总感觉控制不住我自己的脾气。

辅导员:我们有句老话是“三思而后行”,你也知道冲动是魔鬼,你可以先从养成一个习惯做起,就是在每次想要动手之前都停顿5秒钟,先想想打人的后果、为什么要打人、打完以后会发生什么,这些结果是你愿意看到的吗?这样容易让自己冷静下来。

小M:我明白了,我承认我当时动手有些不分青红皂白,看了监控之后才明白她并不是在说我。

辅导员:是啊。你可得跟她道个歉,我看你也是女中豪杰,拿得起放得下,出去就写个道歉信,我跟你一起登门道歉。

小M:好的老师。我再买点糕点作为赔礼道歉的礼物吧。谢谢她愿意原谅我。我也和警察叔叔道个歉,给他们添麻烦了。

辅导员:行。一定要牢牢记住这次的教训。

事件三:小M入校后一直与同学交流甚少。通过日常观察,辅导员发现小M总是一个人待在宿舍里，几乎不与他人沟通，并且对未来感到迷茫，对少数民族学生就业去向感到悲观。对于小M这一问题，辅导员决定到宿舍与她谈话，了解她的内心困惑，尝试解决小M的问题。

辅导员：小M，我来看你了。听说你老在宿舍里呆着，看什么剧呢这么投入？

小M：没有老师，我就是懒得出门，也没有自己的兴趣爱好，感觉与周围的人也聊不来。

辅导员：怎么会呢，你外形条件这么好，高挑挺拔，你老说你没有爱好，我就不信你没有什么喜欢的东西。

小M：可是我真的没有什么爱好，体育运动不行，唱歌跳舞不行，专业知识就更不行了，汉语还说不利索。

辅导员：但是感觉你还挺重视个人形象的，个子又高挑，怎么不考虑去礼仪队、汉服社这些社团呢？这方面你可很有优势。

小M：老师您知道的，我的性格就是大大咧咧的，我可不愿意当个文静小女生，我倒是想过参军当女兵，英姿飒爽的，但我爸妈都不同意。

辅导员：那你可以尝试去国旗护卫队啊！也能英姿飒爽的，就是训练有点苦，得早起，你可以先去试试。

小M：这倒是比较适合我，我不怕吃苦……老师我想试试。

辅导员：好啊，我待会儿联系国护队，推荐一下。除了这个，你对工作有没有什么想法呢？

小M：我感觉我能力好差啊，我可能根本找不到工作。

辅导员：你是低年级，离找工作还有很长时间，现在迷茫是正常的，能力也可以逐渐训练出来。咱学校日常提供了很多职业规划、能力训练方面的活动或者平台，你有没有尝试去报名呢？

小M：我并没有了解，我以为是毕业年级才需要呢。

辅导员：职业规划要趁早！你多尝试才能知道自己喜欢什么、能做什么，想到的全是问题，干起来都是答案。

小M：我明白了，为了毕业找到一份满意的工作，我现在需要主动出击，谢谢老师。

小M逐渐融入社团群体中并结识了新朋友,在国旗护卫队的日常训练和思想教育中,小M感受到浓厚的爱国主义教育和团结奋进的集体主义精神。在国旗护卫队的参与活动使得小M的爱国主义精神显著增加,为之后小M的性格逐渐转变和职业选择打下了基础。一段时间后,小M主动来到办公室与辅导员谈心,眼神中充斥着久违的阳光与自信。

小M:老师好,护旗手小M向您报道!

辅导员:哇,你变化这么大,元气满满呀!最近怎么样?

小M:我在国旗护卫队交到了很多新朋友,我们几乎每周都能出去聚餐呢!当然,他们也很尊重我的饮食习惯,我似乎觉得不需要总是想着提防别人,对别人友善,别人也会对自己友善。

辅导员:很高兴看到你的积极转变,感觉你的汉语都流利了很多。

小M:是的,我们每天都在一起训练,虽然艰苦,但却找到了一些战友的感觉。

辅导员:哈哈哈哈,那你们除了"同窗情",还增加了"战友情"。

小M:真的谢谢老师开导,另外我最近也感觉到了自己的价值,我有个想法,关于自身职业发展的,但可能不是很成熟。

辅导员:但说无妨,有方向总比没方向好。

小M:我想回家乡做基层公务员,因为我发现其实我家乡很多人没出来看过,对家乡外的世界有些误解和担心,我希望能够通过我自己的经历和故事,为家里那边的人做点儿事儿。

辅导员:十分支持!你这个想法真是太棒了!迫不及待地期待那一天的到来了。

小M:哈哈哈,我离这个目标还很远呢,还需要做很多准备。听说选拔考试竞争很激烈,我得更加努力。

辅导员:加油,功夫不负有心人!

案例思考总结

第一,少数民族同学因为成长的文化环境、教育差异、观念差异,容易在大学中产生多样而复杂的问题,解决这些问题绝不能单一化、简单化、表面化,而要在深入了解后结合学生具体情况,给出一套综合解决方案,打出有章法的组合拳,引导学生树立正确“三观”。

第二,案例的解决体现了学生工作中的解决流程与方法,即深入了解学生、发现问题根源、找出并放大学生特长、学生产生自我认同、形成摆脱困境的实际方法。解决学生工作需要辅导员持续跟踪学生思想动态,从日常谈话中下功夫,真正帮学生解决问题。

第三,谈话的作用不止是帮助同学解决问题,更要在谈话中把握学生的思想动态、开展正向价值引导,从细微处落实立德树人的根本任务。

校园危机事件应对

爱情不是生活的全部

案例撰写人 翟洋洋

案例背景

小L,女,大四本科生。毕业之际,辅导员突然接到自称是小L男友的陌生来电,他告知辅导员自己与小L吵架了,小L今天在微信聊天中流露出轻生念头,希望老师尽快去宿舍阻止小L。辅导员以毕业档案派遣信息核对为由电话联系小L,第一时间确认小L状态,从电话中辅导员觉察小L心情低落,初步判断其暂无生命危险,得知小L独自一人在宿舍后(其他室友已离校),辅导员立即来到小L宿舍开展谈心谈话。一是了解小L是否遇到情感障碍并存在轻生的意图;二是及时干预,避免危机事件发生,帮助小L理智处理情感问题,积极面对生活。

谈心谈话准备和思路

此次谈话是辅导员在得知学生出现安全隐患时主动发起的一场谈话，属于应对危机情况的参与性谈话，谈话的事前准备时间较短，谈话地点就近安排在学生宿舍，谈话方式为直接介入。在沟通上首先需要消除学生对辅导员的防备，一步步引导该生反馈个人真实的心理状态，通过倾听情绪、识别情绪、接纳情绪，与该生产生情感共鸣，积极沟通，理性处理感情问题，从而有效化解安全隐患。

谈心谈话过程

辅导员：小L，我刚才在电话中跟你确认毕业派遣信息时，感觉你情绪比较低落，是有什么烦心事吗？

小L：老师，我没事，您放心吧。

辅导员：小L，其实我在来宿舍之前，在办公室接到一个陌生来电，对方说是你的男朋友，他坦言与你吵架了，由于人在外地工作无法赶回，比较担心你现在的状况，希望老师多关注。是这样吗？

小L低头没有说话。

辅导员：这两天咱们同学们陆续来找我办理毕业离校手续了，我看你的室友都已经离校了，你计划是哪天回家？

小L：我定了明天早上的车票，还有些事情没处理好。

辅导员：能和老师说说是哪些事情吗，如果可以的话，老师帮你一起完成。

小L：老师，我不知道该怎么办，好像毕业了所有事情都不顺利。

小L说着说着眼圈红了。

辅导员：小L，大学只是人生的一个学习阶段，毕业不意味着结束，不必对未来太过焦虑。况且在学习上，这四年来，你从来没有挂科，顺利通过了毕业论文答辩，拿到了学位证和毕业证，这就是你在大学最好的收获呀！老师们都为你高兴！你的爸爸妈妈肯定也特别开心，为你感到骄傲，盼着你早点到家！

小L:毕业了我还没有找到工作,男朋友已经在外地工作,我不知道自己毕业该去哪里了。

辅导员:小L,以你的学习能力和校园经历,不管在哪个城市,找工作都有很多机会的。再说感情不会因为距离就产生隔阂,多数异地情侣产生矛盾都是因为没有好好沟通。你把自己对于未来的规划与他好好沟通,让彼此知道对方的想法。

小L点了点头。

辅导员:你们是因为毕业异地的情况吵架了吗?

小L:嗯,我感觉他工作以后,对我的关注减少了,他好像没那么爱我了。我心里乱糟糟的,想提分手又很痛苦。

辅导员:感情不是生活的全部。其实在毕业这个阶段,对你们个人来说,都是人生的一个新起点,大家第一次进入职场,难免有些紧张和慌乱,生活节奏容易被打乱,往往对于工作的投入比其他事情更多,或许他也是为了你们的未来在职场努力打拼,一时忽略了你的情绪变化。当然,感情也是生活中不可缺少的部分,一段舒服的感情应是彼此滋养的。初入职场这段手忙脚乱的时间,更需要彼此多一些体谅。

小L点了点头。

辅导员:小L,我接到你男朋友的电话时,能感受到他非常担心你的安全,他对你还是非常在意的。他虽然人在外地,但是觉察到你情绪不对了,主动联系老师求助,这是非常理智和正确的做法。情侣之间吵架很正常,但是我们决不能因为一些小矛盾就不想活下去了。除了男朋友,生活中还有许多人关心你、爱护你,特别是你的爸爸妈妈!如果你出事了,爸爸妈妈如何能承受这份沉痛!无论何时,首先要好好爱惜自己的生命,生活中没有过不去的坎儿。

小L低下头抹了抹眼泪。

辅导员(递给小L纸巾):来,擦擦眼泪。

小L:老师,我跟男朋友吵架说了气话,现在想想很后悔,不该让大家为我担心。最近几天看着身边的同学们陆续都走了,我心里很失落,想找男朋友聊聊天,可他说工作忙,跟我聊天的时间越来越短了,原本说好来参加我的毕业典礼,也因为工作上的事情耽误了，我觉得他越来越不在乎我了，我不知道该不该结束这段关系。

辅导员：小L，现在你和男朋友都年轻，刚刚开始踏入社会，现在又在不同的城市，他对你的关心难免不如在校园里那么细致。在这段感情关系中，最终的解铃人还是你们自己。老师想问你几个问题，你先不用回答，可以平复下心情好好想一想。你们之间的问题出现有多久了？两个人是否在见面的时候坐下来心平气和地谈过这些问题？你是否愿意为改善这段关系付出行动？老师觉得，爱情不是相互捆绑的，而是彼此滋养的，能够促进双方更好地成长。确认恋爱关系不意味着对方要理所应当地为自己做些什么，所有的事情都要在平等沟通的基础上达成共识。当然每个人难免都有小情绪，在我们遇到不开心的事情时，往往也最容易把脾气撒在最亲近的人身上。这时候就需要双方多沟通，多一些宽容，避免把小矛盾积攒成大矛盾，避免因缺乏沟通引发更大的冲突。

小L：老师，确实毕业这段时间我们经常吵架，也不是说有特别大的分歧，就是感觉谈话的时机不对。这段时间我忙论文，他忙工作，我们总是在电话沟通，两三个月没有见面了。如果能经常见面，或许就不会有这么多麻烦。

辅导员：小L，你能这样想，说明你还是很在乎这段感情的，所以不要在情绪失控的时候着急做决定，更不要伤害自己。老师觉得，趁毕业这段时间，给自己的心情放个假，给这段感情也留一些时间来沉淀一下。毕业了先回家陪陪父母，跟父母也聊聊自己对未来的打算，关于工作和恋爱，听听父母和朋友们的建议，深思熟虑之后，对自己的未来做出一个大致的规划。先确定自己以后想从事什么样的工作，过什么样的生活，有了明确的想法之后，跟男朋友见面好好聊一次，看看双方对于未来的规划是否能达成共识，然后再判断这段感情是否要继续走下去。

小L：好的老师，让您担心了，我不会再拿生命开玩笑了。

辅导员：小L，老师还有一些建议，在感情方面，不管感情多深，都不要过分依赖对方，首先要让自己有充实多彩的生活。在找工作方面，你是学设计的，老师觉得你可以多看看近期有关设计公司、互联网公司发布的招聘信息，积极投递简历，老师近期也会给你多推荐一些求职机会。

小L：好的老师，谢谢您。

第二天早上，小L收拾好行囊，坐上了离校返乡的火车，在归途中她给辅导员微信留言，“老师，我回家啦，谢谢您，您真的很认真负责，希望我们都越来越好！”

案例思考总结

这次谈话是我在这届毕业生即将离校之际开展的最后一场谈话，刚接到小L男朋友的求助电话时，我特别担心小L出意外，但是我在心里跟自己说越是危急时刻越要冷静处理。小L是一个比较内向、不太愿意跟室友和老师主动分享生活的同学，在家庭方面，父母和睦，都是普通职工，与她关系很融洽。所以在这次谈心谈话中，我首先要做两件事情：一是要尽快找到小L，评估她是否存在轻生意图，确保人身安全；二是要取得她的信任，引导她反馈真实的内心想法。在谈话技巧方面，面对小L企图回避谈话的情况，我单刀直入，说明访谈原由。针对小L在爱情方面的自卑和失落情绪，通过转移她的注意力，帮助她认识到除了爱情，生命中还有最难以割舍的亲情，让她认识到生命的可贵。同时引导她从依赖他人转变为关注自身，认清自我，重塑自我，找到自己未来的方向然后再来谈论爱情的出路。这次谈话虽然准备仓促，但是结合前期对学生的了解，简短的谈话对学生起到了良好效果，帮助学生化解了眼前的危机。不过后续我仍需从就业、生活等角度多关注、帮扶该生，给她更多的情感支持。

『朋友，我想和你好好的』

案例撰写人　刘玥

案例背景

学生小A是一名大一学生，家住天津本地，因与一名非常要好的初中同学小B产生矛盾，认为朋友关系面临破裂风险，在多次联系对方未果的情况下，学生直接来到辅导员办公室反映问题并写下遗书。见到学生后辅导员第一时间稳定学生的激动情绪，认真了解事情景经过。

经了解，小A的好友小B目前在天津本地家中，二人有一位共同的朋友小C，社会人士，三人通过游戏保持日常联系。小B与小C联系密切，关系要好，逐渐与小A产生隔阂，经最近一次激烈争吵后小B对小A的信息、电话拒不回应。事件发生在疫情期间，学生不能私自离校，小A想要到小B家中当面质问的想法落空，遂直接来到办公室扬言要给家人朋友留下遗书。

谈心谈话准备和思路

此次危机事件中涉及的其他人员均为校外学生，与小A是线上联系，无校内共同好友，学生也未将相关情况提前与辅导员或同宿舍、同班同学倾诉，学生当日也未与辅导员联系而是突然到访办公室，因此属于突发的危机事件。

事件发生后，辅导员迅速确定了此次谈心谈话的三个主要目标：一是稳定学生的激动情绪，防范极端行为发生；二是厘清事件来龙去脉帮助学生解决问题；三是分析回顾事件全过程，引导学生反思改进。

谈心谈话过程

第一步：稳定学生激动情绪，防范极端行为发生。

小A：老师，我要出校，我要去找我同学。

辅导员：小A，你出校有什么急事吗？你也知道咱们现在是不能随意出校的，如果离开，还需要一段时间的健康监测才能返回校园。

小A：我和我初中同学前两天吵了一架，他现在不回我消息，打电话也不接，我给他妈打电话，他妈就说他在睡觉，现在已经12:30了，他不可能睡到现在不起，他就是不想理我。我俩关系非常好，我不能接受他就这么突然跟我不联系。就算以后不做朋友了，也必须当面跟我说清楚，我要去他家问明白，让他给我个交代，我要是找不着他我就去找小C，今天不是我死就是他死。

学生在描述的过程中非常愤怒，喘着粗气。

辅导员：小A，你先别激动。你看，马上就要期末了，按照目前的管理规定，如果你现在就这么离开学校了，后面的课程和考试肯定都会受到很大的影响。而且你现在的情绪状态，我肯定是不放心让你自己出去的，家长也不会同意，对吧？

小A：你不用告诉我家长，他们也不会同意，那行，我出不去就只能是我死。

在前期试图劝说他的过程中，学生闭眼，双臂交叉抱胸，拒绝沟通。在明确不被允许出校后，学生掏出纸笔，开始写遗书，给家人和朋友留言，并始终伴有生气、落泪的情绪。

辅导员:你先别写了,不着急,咱俩聊聊。这样,你先把整个事情的过程跟我说一说,我帮你分析分析,出出主意,看能不能帮你解决你俩的问题。

在多次耐心劝说后,学生逐渐平静下来,开始描述整个事情的经过。

第二步:厘清事件来龙去脉,帮助学生解决问题。

小A:小B和我自初中以来就是非常好的同性朋友,双方家长也都非常熟悉。几年前我通过小B认识了社会人士小C,平常线上一起玩网络游戏。小B与小C近几年关系密切,我虽看不惯小C的很多行事作风,但因与小B感情较好,时常迁就小C的一些行为,并出钱为其买游戏装备。两天前我与小C在游戏中发生矛盾引发争吵,之后与小B继续争论,矛盾升级,后与小B失去联系。次日我与小C在游戏中再次爆发口角,小B依然没有回复我的信息。今日我两次联系小B的母亲,她表示小B应该在睡觉,我不相信,认为只有到其家中当面对质才能问清楚对方的想法,否则只能采取更加极端的方式给此事做个了结。

辅导员:我大概了解了事情的经过,小A,我非常能理解你此刻的心情,我也有非常要好的朋友,也和她们产生过矛盾甚至是争吵,但是正如你所说,你们已经有了五年多的深厚友谊,肯定也不会因为玩游戏引发的这一次争吵就决裂的,你要有这个信心呀。

小A:可是他这两天都没回我消息,而且我现在也联系不上他,我不相信他现在还在睡觉,除了去他家找他我还能干嘛?

辅导员:你别着急,小B的妈妈不是说了吗,他有可能在睡觉。要不我们一起再打个电话确认一下,跟阿姨认真地交流一下你的需求,问问看小B一般什么时候醒来,睡懒觉也不是没有可能,又或许是前天熬夜了或者身体不舒服等其他原因才会睡到现在呢?

小A再次拨通了小B母亲的电话,说明了自己着急的心情,再次确认小B还在睡觉,如果半小时后还没醒,家长会叫醒他并嘱咐小B回电。

辅导员:你看,小B确实是因为在睡觉所以没有接你的电话,刚刚是不是因为太着急了,所以冲动之下想了很多不好的事情,其实是有误会的成分在的。那下次再遇到问题，是不是应该先冷静下来，找到可能解决问题的方法然后做出尝试呢？

小A:是，我当时已经完全不能控制自己的情绪了，一会看看他怎么说。

辅导员：你们之前相处有出现过类似的情况吗？是怎么处理的？

小A:之前也有过一次，但没有这么生气。这次是他第二次这么对我，而且是因为另一个人间接导致的，所以我更加不能接受。

辅导员：明白了，其实朋友之间有矛盾是非常常见的，而且不只是朋友，家人、伴侣、好友……任何亲密关系都不可能没有争吵，两个人也不可能没有分歧。如果因为暂时的冷战或者分歧就在一气之下做出决定，那一定是冲动的、不理智的，事情的发展也大概率会让我们后悔，事实证明很多时候都是由于双方沟通不彻底甚至是误会导致的。

小A:嗯，我尽量控制。

13:20左右，小B主动电话联系小A，两人沟通半小时左右，辅导员全程在一旁关注学生的行为和情绪变化，学生情绪逐渐稳定下来。

辅导员：聊了这么长时间，先喝点水缓缓。怎么样，现在心情好一些了吗?他有没有给你让你满意的答案?

小A:嗯，现在心情好多了。

辅导员：他有没有跟你解释为什么这几天不理你呀?

小A:我们俩太熟了，他说了几句话我就知道是他怎么想的了，他就是觉得我当时太不冷静了，所以想让我静一静，而且他并没有太把我的情绪当回事。其实我知道他觉多，但是我控制不住我的情绪。

辅导员：对，所以如果再有类似的事情发生，还是要学会控制自己的情绪，冷静处理。那你们现在商讨出以后相处的方案了吗?

小A:目前商量的就是以后我和小C各玩各的，避免同框。其实我不在乎我们在不在一起玩游戏，我只需要他给我这么一个答复。

第三步：分析回顾事件全过程，引导学生反思改进。

辅导员：这其实是很简单的一个方案，很容易就能想到，但重要的是两个人平心静气、理性沟通，不要在吵架的气头上继续争吵，更不要因为一气之下做出违反规定甚至是伤害自己或他人的错误决定。那你现在得到这个结果之后,满意了吗?能放宽心踏实待在学校里好好上课学习了吗?就算再有什么想不开气不过的事,也不能再想着去对质,更不能有翻墙出去或者偷偷溜出去之类的行为哈。

小A:明白,我现在没有什么想法了,得到这个结论我就能够心满意足了,您放心我不会翻墙出去的。之前的状态主要是因为他在我心目中的地位太重要了。

辅导员:那未来如果你们再有争吵导致类似的情况,咱得吸取教训哈。目前的结果咱们是比较满意的,道不同不相为谋,你和小C以后各自玩游戏就好了。另外,咱们也因为自己家庭的情况做家教赚钱,也申请过临时困难补助,还为这样一个不相干的人花钱买游戏装备,是不是非常不值?咱们应该把有限的时间和精力,也包括金钱,付出给值得的人,真正的朋友也应该是靠志趣相投来互相吸引、共同帮助、一起提升的,你说是不是?

小A:好的老师,谢谢老师,我会好好复习,有情况第一时间跟您联系。

辅导员:好,相信你,也谢谢你愿意信任我,和我敞开心扉,快去上课吧。

案例思考总结

这次和小A同学的谈话,效果还是不错的。这次事件反映出学生两方面的问题:一是应如何与朋友相处,二是要学会情绪管理。综上,我认为遇到类似情况,首先要第一时间稳定学生的情绪,防止极端行为的发生,保障学生的人身安全。其次要在稳定学生情绪之后,尝试与学生深入沟通,了解事情的全貌,及时阻止事态进一步发展,提供合理可行的解决方案。再次要持续跟进学生状态,保证事件平稳度过。最后要与学生家长取得联系并告知相关情况,及时向学院汇报突发事件并做好工作记录。

『一名小安康』

案例撰写人　刘越

案例背景

小F是大一年级的学生，该生在Bilibili账号的用户简介写到，他是一名"安那其共产主义者"，并在自我介绍中称，"我是一名来自南开大学的小安康"（即信仰安那其主义和共产主义），同时在账号上频繁发表涉政言论，辱骂抹黑中国共产党。该生账号发布内容被网友举报，内容随即受到相关部门监控，并发送至南开大学。因该生在网上并未留下真实姓名，仅留下学院和年级信息，辅导员在得到学校通知后，立即根据其账号个人信息定位到人，随即电话约谈该生。

谈心谈话准备和思路

因时间紧急，在谈话之前，辅导员有十五分钟左右的时间进行准备。准备内容主要分为以下五部分：第一，打印该生言论样本，作为可能向该生对质的资料准备；第二，标注校规校纪中对于该行为的处罚规定，作为向该生告知其错误的政策支持；第三，将谈心谈话地点定在较为安全舒适的场所，避免该生因情绪过激出现危害自身或辅导员人身安全的行为；第四，因谈话时间是非工作时间，谈话辅导员请学院领导安排其他老师在办公室附近驻守，以保障辅导员自身安全；第五，在谈话前预备好录音设备，方便事后进行工作记录。

本次谈话主要目的在于让该生认清自己的错误，并主动删除账号言论内容。

谈心谈话过程

小F：老师好，您找我什么事？

辅导员：小F，你觉得我这次找你是因为什么事情呢？

小F：是办公室需要打扫卫生吗，老师？

辅导员（把相关言论样板摆在桌子上）：你看这个账号，是不是你。

小F（默了一会）：是我的账号。

辅导员：小F，既然这是你的账号，那你告诉我，你为什么要发布这些内容？

小F：老师，是这样，账号虽然是我的，但是应该是被盗号了，我最近很久没有上过这个账号了，没有发过这些。

辅导员：你上次用这个账号是什么时间？

小F：大概是去年年底。

辅导员：好的，这样，你把账号找出来，我来看看去年年底之前你发了什么。

小F（沉默了一会）：老师，我错了，账号是我用的。但是是我和另一个人一起用同一个账号。这些内容都是他发的。

辅导员：你和另一个人一起使用同一个账号？

小F:是的老师。

辅导员:另一个人是谁,是你的同学吗,还是朋友?

小F:是我的一个网友。

辅导员:好,那你说一下,你和这个人是怎么认识的?

小F:我们是在一个QQ群里面认识的。

辅导员:是关于什么的群,你们在里面讨论安那其主义的这些话题吗?

小F:不是的,就是关于动漫和游戏的。

辅导员:这个人是哪里人,多大年纪,为什么要用你的账号?

小F:我不清楚他是哪里人。他就是说要用我的账号,一起运营。这些内容都是他发的,我也看不懂这些是什么意思。

辅导员:你这个逻辑说不通,为什么会把账号借给别人来使用,还允许别人在你的账号发布一些你看不懂的信息呢?你说实话,这个是不是你发的?

小F(又沉默了一会):老师,这些内容是我发的。但是是来自一些网站,他们告诉我,把这些内容复制粘贴到自己的账号上发布出去,就可以参与抽奖,给我发红包。

辅导员:好的,那么你是在哪里看见的这个网站,怎样点击进去的。网站是怎样知道你有没有发布的,你发布之后领到了红包如果删除,平台会不会把红包收回?

小F马上尝试继续辩解。

辅导员(大声喝止):我最后警告你一次。你刚才已经说了两次谎了,你再这样谁也帮不了你!

小F长时间的沉默了。

辅导员:小F,老师也是在帮助你。你所发表的言论严重地抹黑了中国共产党,违背了四项基本原则,互联网上这样的思潮必然威胁着意识形态安全!

辅导员(拿出本科生学则给到小F):这是我们南开大学本科学生学则,其中第八十三条明确说明有下列情形之一的,学校应给予开除学籍处分,第一条就是“违反宪法,反对四项基本原则、破坏安定团结、扰乱社会秩序”。做错了事情要勇于承认,我再问你一次,这个信息是不是你发布的。

小F:是我发的,老师。

辅导员:既然你承认是你发的,那么首先,你要注销这个账号或者把账号下所有内容全部删除;第二,你和我说,为什么要发布这些内容?

小F:老师,是这样,我在网上关注了某个账号,他的账号里面总会发布和转发一些类似的消息。因为觉得这样与众不同,所以我总会学习里面的语气和内容来发布自己的账号内容。老师,这个账号我也用了好多年了,有点舍不得把它注销了,我把里面的内容全部删除,我就不注销账号了,可以吗?

辅导员:你觉得这样的内容可以引人注意,所以才发布了吗?你告诉我你关注的这个账号叫什么名字,我记录一下。你的账号可以不注销,但你需要保证,以后不要再观看和发布相关的内容了。

小F:好的老师,我保证,可以写保证书。之前看到的账号名叫XXX,我只关注了这个账号,其他账号有的陆续被注销或者改名字了,我也找不到了。

辅导员:好。小F,老师还有几句话要问你。你一边删除这些内容,一边听我说吧。我之前看了你的资料,你家里只有你和你妈妈,是吗?

小F:是的老师。

辅导员:你妈妈一个人带你不容易,期盼着你能够成人成才。你考上了南开大学,应该是家里的骄傲。我知道你不愿意让妈妈失望,所以很害怕,情急之下才会说谎瞒着老师。但是我必须告诉你,这个事情,我们不能触碰。你一旦触碰了就谁也没法救你了。你的情况我会形成报告向学校说明,等待学校的处理意见。账号内容现在删除得怎么样了?

小F:老师,已经删除完了。

辅导员:好的。那我陪你走回宿舍吧,正好我去你们宿舍楼有点儿事情。

随后辅导员陪同小F步行回到宿舍,路上观察小F情绪状况,并继续和小F了解其家庭情况。

案例思考总结

在本次应急事件的处理中,我首先采用摆事实讲依据的方法,将我所得到的信息直接放到学生面前,让学生主动说出自己的错误。一方面确认为否为学生的社交账号,另一方面也在试探他对于错误的认错态度。学生承认了账号是他的,但在之后的谈话中多次通过撒谎的方式试图与相关言论摆脱关系。我虽然立刻察觉到他在撒谎,但保持了冷静,通过追问细节,找出他谎言中的漏洞,最终击破了他的多次谎言。在此之后,为了防止他继续编造谎言试图瞒天过海,我采用严厉的语气和态度向他说明其所作所为的严重程度,并且告诫他如果继续说谎,没有人可以帮得了他,而后该生承认了自己的错误。在后续的谈心谈话中,我从感性的层面去说服小F,试图让他能够更加信任我。在谈话结束后,因为担心小F在强烈的刺激下会产生过激行为,我陪同小F走回了宿舍,并私下里安排室友关注他的情况,如果有反常举动随时和我汇报。

本次谈心谈话旨在紧急处理涉政网络发言事件,通过多种谈心谈话技巧,逐步探明该生对于相关话题的了解程度,摸清学生情况,最终达到了事先预定的目的。

盲目从众和网络不当行为纠偏

案例撰写人　吴亚坤

案例背景

小D学，女，一年级本科生，来自单亲家庭，随母亲生活，性格独立、内向，爱好绘画。

疫情期间，某一学期初返校后学校实行相对封闭管理，禁止校外外卖入校。小D同学平日里极其依赖外卖，因此生活受到较大影响，在某外卖也被禁止入校后，产生较大不满情绪，开始频繁在微博和某QQ同好群中参与“天津市高校解封”相关讨论，在微博创建了“南开大学解封”的词条，并与QQ同好群中的另外两名同学一起商议在学校内悬挂条幅，试图通过刷微博词条和挂条幅的方式引起学校和天津市关注，从而开放外卖和获取相关事件知情权。

学院了解到上述情况后，及时与该同学进行谈心谈话，了解学生这样做的原因，对其在网络上发表不良言论进行正确的引导和教育。

谈心谈话准备和思路

小D同学因从众心理和缺乏网络素养而在网络上发表不当言论，因校规校纪和法律意识淡薄而试图实施悬挂条幅等不当行为，辅导员需要通过谈心谈话的方式纠正其心理认知偏差，并对其进行网络行为引导和价值引领，谈话思路如下：

第一，深入了解小D同学行为失当的原因，遏制其负面情绪进一步加深；

第二，建立信任关系，引导小D同学树立正确的网络道德观、规则意识和法律意识。

谈心谈话过程

在谈心谈话开始前，辅导员通过查阅学生档案、回顾学生日常行为表现、关注学生朋友圈内容等方式了解学生基本情况和近期思想动态，为谈心谈话打好基础。

第一步：了解该生行为失当的原因，遏制其负面情绪进一步加深。

辅导员：小D你好，现在找你过来是因为学校和学院了解到你最近在网络上发表了一些关于疫情防控的不当言论，想听你讲一下具体的情况。别紧张，也别害怕，当面找你谈就是为了了解现实情况还有你的实际诉求，这样我们才能有针对性地解决问题。

小D：我曾经评论和转发了一条微博，微博内容大概是说“难道只有拉横幅才能解封吗”，不当言论应该指的是这个吧？

辅导员：说实在的，最近微博上有不少人都有类似的举动，仅仅是评论和转发“拉横幅”相关的微博可能还不足以引起相关部门的重视，你再回忆下还有没有其他的网络行为？

小D：微博上“南开大学解封”的词条是我建的，我之前转发的一些词条陆续被禁了，我就自己创建了一个新的词条，然后发了一些微博。

辅导员：除了微博呢，你有没有在什么群聊里跟同学聊关于解封的事啊？

小D：我跟高中同学在群里聊过，另外聊解封比较多的群是一个QQ群，是之前刚入学的时候加的一个绘画爱好者群,都是咱们学校的,不过我跟群里的人都只是网友,实际不太认识,群里也是看他们聊比较多。

辅导员:那这个QQ群里有聊过关于“拉横幅”的事吗?是不是有同学想在学校里拉横幅啊?关于“拉横幅”这个行为你是怎么想的啊?

小D:他们好像是在群里聊过“拉横幅”的事,但应该也就是说说而已,我没参与他们的聊天,也没有“拉横幅”这样的想法,顶多就是在微博上转发一下。

辅导员:我大概了解你在网络上发表言论的情况了,另外还想跟你聊一下为什么要在网络上匿名发表这些吐槽性质居多的内容呢?通过正规渠道来反映问题更有利于问题解决吧?

小D:在那个QQ群里,有人已经通过正规渠道反馈过对封校的意见了,想争取高校解封和学生们的知情权,但是都没有得到回应,我也就不想尝试正规渠道了,就决定通过频繁刷微博词条的方法引起相关部门的注意。

辅导员:群里有人是想争取解封和知情权,那你发微博的诉求是什么呢,也跟他们一样吗?

小D:我对解封没有什么需求,本来学校开放的时候我就不怎么出校,但是外卖不能入校这个事对我影响挺大的,我平常都是吃外卖,现在外卖都进不来,就很不方便,我也不理解为啥不让外卖入校,所以我的诉求就是希望相关部门正面解释为什么要禁止外卖入校,以及什么时候才能恢复,另外还希望能保障学生们在合理范围内的知情权。

辅导员:我能理解你的感受,在长时间封闭管理且日常生活需求得不到满足的情况下,情绪、生理和心理状况难免不稳定,所以产生焦躁情绪是正常的现象,这是人之常情。

小D:是的,我这段时间因为外卖被禁情绪不好,总想着到网络上发泄。

至此,辅导员已基本掌握该生网络语言失范的主要原因,并缓解了学生的紧张情绪。

第二步:引导该生树立正确的网络道德观、规则意识和法律意识。

辅导员:虽然说有不良情绪是人之常情,也需要适时排解,但在网络上发表不当言论依然不是一个正确的行为，还有可能对自己产生不好的影响。网络平台或许可以暂时作为缓解压力、释放情绪的工具，但终究不能解决本质问题，对吧？

小D同学沉默不语。

辅导员：咱们再说你转发“难道只有拉横幅才能解封吗”的微博，还有QQ群里大家聊“拉横幅”的想法，你真的觉得“拉横幅”可以解决问题吗？有没有考虑过可能的后果呢？

小D：我是之前看到四川大学有个拉横幅的，横幅一拉上，川大就很快有了反应，觉得这样应该是一个能快速解决问题的方式，而且听说那个人没有被处分。

辅导员：你看你还是会考虑他有没有被处分的，也因为听说“未被处分”而思考过拉横幅的可能性。那我现在要明确且严肃地告诉你，“拉横幅”如果引发聚众围观甚至效仿，危害校园正常秩序，影响他人正常学习生活，就是一件严重违反校规校纪的事情。作为学生，在学校内，学校能用校规校纪来约束你，将事情控制在学校范围内。如果你现在不是学生，到社会公众场合上“拉横幅”而影响正常秩序，这对你影响可就大了。所以说，纪律的本质是保护而非约束，校规校纪和法律条文一样，都是通过约束少部分的不良行为而保护多数人的合理合法行为，通过非合理渠道表达个人看法的错误行为不仅会对你个人带来严重影响，还会危害整个校园的安全、稳定。

小D：是我把事情想得太简单了，只是看到其他人有这么做的，没有考虑过自己这样做可能会带来的严重后果。

辅导员：根据你刚刚说的，在网上发表不当言论也好，试图拉横幅也好，其实都是错误的从众行为，在情绪失控的情况下，没有理性思考自身行为的合理性和规范性，才导致出现不当行为。现在冷静思考一下是不是挺不应该的？

小D：确实，我的行为并不是解决现有冲突和矛盾的有效方法，我只是在发泄，并没有真正解决问题，以后不会再有类似的行为和举动了。

辅导员：好的，老师相信你，现在没有将来也不要有，遇到问题还是要通过合理合法的途径解决，别没解决问题还把自己搭进去了。关于你上面提出的两个诉求，我也会如实反馈给学院和学校。现在也挺晚的了，早点回去休息吧，谢谢你今晚的配合,之后如果有需要了解的内容咱们再交流。

小D:好的,老师再见。

案例思考总结

在本次谈心谈话中,小D同学的情绪整体还算稳定,回答问题时也较为配合,虽然从未坦诚地承认自己确有"拉横幅"的举动,但从最初极力否认自己有"拉横幅"的想法到逐渐思考自己行为的合理性,心态还是发生了一些转变。在此后与辅导员的多次沟通交流中,未再表现出明显的过激想法和举动,情绪状态明显好转。

关于此类校园危机事件,辅导员和学院要在调查事实的基础上第一时间介入。一方面与学生本人直接了解情况,另一方面向学生好友、其他知情人员、学生骨干等了解情况,摸清事情原委后及时与当事学生进行真诚正面的交流。在与学生的谈话过程中要做到有理有据、有例有证,有方法、有策略地帮助学生主动认识和感受自己心理和行为的轻率、片面,切忌"扣帽子"和"一刀切",避免说教让学生产生抵触和抗拒心理。同时在处理过程中,要在了解情况并经过正确地判断后,注意保护和尊重学生。辅导员要做到感其所感、急其所急、帮其所需,帮助学生理性看待、分析和解决问题。

摆脱『恋爱脑』找寻『主体性』

案例撰写人 郑锡然

案例背景

小A，本科三年级学生，因亲密关系中与男友发生口角遭遇暴力殴打、威胁泄露隐私等恶性事件。随后，该生与男友迅速复合并出现持续性争吵，其间存在病理性依恋行为、自伤轻生倾向，常常沉浸在亲密关系中无法自拔。自事件发生以来，学校启动“家校社”协同机制，即联合警方保障人身安全，协同家长开展心理干预，辅导员引导该生进行认知偏差矫正，并通过生涯规划重塑主体意识，帮助其逐步摆脱情感依赖，实现从“危机干预”到“主体重建”的转变。最终，该生顺利毕业并进入家乡所在地相关企业，生活态度积极向上。

谈心谈话准备和思路

坚持底线思维。始终将学生人身安全作为谈话前提，一方面向学生强调人身安全、生命健康重的要性，以校规校纪帮助学生树立规矩意识，保护自身安危；另一方面，发现学生存在自伤轻生想法或行为时，立刻启动心理危机预警程序。

保持联络，动态调整。通过该生的班导师、同学、舍友、家长等侧面了解学生日常状态，在谈话中观察学生的微动作、微表情。

正向激励，肯定进步。面对学生自我效能感较低、在亲密关系中失去自我的情况，从个人的学习生活入手，帮助学生聚焦具体生活，同时及时肯定学生的微小进步，强化其改变动力。

打造“危机干预—认知重塑—资源整合”递进策略。在谈心谈话中，辅导员既充当“安全网”，又扮演“引路人”，联动家长了解学生情况的同时，充分利用多方资源共同帮助学生从情感依赖走向自我赋能，实现心理危机与成长困境的双重突破。

谈心谈话过程

一、和学生的谈话过程

辅导员：小A同学，今天找你来是想和你聊聊最近的情况。返校后还适应吗？最近感觉怎么样？

小A：老师，我最近还是觉得压力很大。我和男朋友现在已经重归于好，我就想假装没有发生过，但我们还是常常发生口角，经常陷入这样的怪圈……不知道该怎么办。

辅导员：我能理解你现在的心情。亲密关系的波动确实会带来很大的情绪波澜，也可能会带来更加深刻的创伤。希望你能把握生活的主要内容，专注自己的学习和日常生活。之前也聊过，你在关系中是否感觉到某些不健康的模式？比如反复的分合、过度依赖对方？

小A：是的……我总想抓住每一段关系，但不知道为什么每次到最后都会变得很痛苦。我一直想不通,为什么我们分分合合这么多次,这次就不能复合呢?我的理智告诉我,现在我需要专注在考研和找工作上,但是情感上总是忍不住去找他,求他复合。

辅导员:这说明你很重视感情,但过度依赖可能会让你忽略自己的需求。你还记得之前我们讨论过你的原生家庭吗?你提到父母很少给你情感支持,这是否让你更渴望从伴侣身上获取安全感?

小A:可能吧……我总觉得只有恋爱的时候,自己才是有价值的。从高中开始,我就在谈恋爱,每一任男朋友都是一开始很好,最后都要抛弃我。

辅导员:小A,你的价值从来都不取决于别人,而是你本身。就像你现在准备考研和求职,这些努力本身就值得肯定。认知偏差需要慢慢调整,学校心理健康教育中心和校医院都有心理老师提供咨询,你觉得最近去的话会不会有帮助?

小A:我有点害怕面对那些问题……

辅导员:没关系,我们可以一步步来。心理咨询不是为了评判你,而是帮你找到更健康的应对方式。其实学校中很多人都和你一样有着相似的困扰,老师们也有丰富的经验,相信一定可以帮到你的。

小A:好的,谢谢老师。

辅导员:我注意到你最近很少参加班级活动,其实打破自己的心防,尝试多和同学相处、拓展社交圈,也能让你感受到更多的支持。这周有个职业规划的讲座,要不要去听听?

小A:嗯,或许可以试试……

辅导员:很好!我们可以梳理你的求职优势,比如你的专业实践经历和沟通能力。此外,学校会定期进行家校沟通,你希望我以什么形式和你的家长沟通呢?

小A:我还没想好如何面对我的父母,不想让他们知道我现在的情况。我一边希望他们能够理解我,一边也很担心他们为我操心。这种感觉很矛盾。

辅导员:别担心,在与你父母沟通之前,我们可以再次确认沟通形式、信息,希望能够更好地促进你和家长的沟通。如果感到情绪波动大,一定要第一时间告诉我、告诉父母。

小A:嗯嗯,其实最近感觉状态比之前好了一些……

辅导员:这就是进步!慢慢来,不要急于求成。另外还要提醒你,为了保障安全、遵守校规校纪,一定不要再次居住到男友的宿舍中;如果夜不归宿,一定告知舍友、家长并向学院报备。我们都最希望你能够安全、健康、快乐,父母、学院、朋友都是你坚强的后盾。下次我们可以聊聊具体的学习计划,或者你感兴趣的就业方向。今天先到这里,记得按时吃饭,好好休息。

小A:好的老师,我也想努力找回自己,对自己负责,为自己考虑。我回去再想想您说的那些话。

二、和家长谈话过程

辅导员:家长您好,小A同学已经复学返校,我和班导师王老师都很关心她,孩子刚刚返校,和您交流过在校状态吗?

家长:老师你好啊,最近小A自从回了学校之后就很少和我们联系,都说在学习、很忙,但有时后半夜也会发一些消极、沮丧的话。我们也不知道如何是好啊。

辅导员:看得出您很关心孩子。的确,她最近情绪波动较大,对于亲密关系也很困扰,常常失眠,我们也希望您能到校陪她一段时间。

家长:老师,不是我们不想去,是她不让我们管啊!我们总劝她好好学习,别管那些有的没的,可她就是不听……我能怎么办啊!

辅导员:我理解您的难处。但小A现在需要家庭的支持,尤其是情感上的安全感。之前在沟通中,她也提到了担心您为她着急,所以不敢与您沟通。如果她拒绝见面,您能否定期和她保持联系、视频沟通?

家长:我们试试吧……可她总说我们不懂她。我们想她已经成年了,也不敢再过度干涉她的事情,只好尊重她的选择,但又对她的状态感到十分担心。

辅导员:在短时间内经历了这么多事情之后,孩子承受了很大的心理压力和负担,关于亲密关系也有很多地方需要慢慢调整认知和学习,家长、学校需要共同为孩子提供可靠支撑。作为孩子最亲近的家人,您的关心对她至关重要。比如,多听她倾诉,少批评她的选择,多问问她的日常生活。

家长:谢谢老师!我们一定配合学校……

案例思考总结

该个案暴露出心理危机干预的长期性特征，需构建系统性支持网络。自危机事件发生以来，学校启动“家校社”协同干预机制：辅导员联合警方保障学生人身安全，通过动态谈心谈话分阶段纠正学生认知偏差，协同专业教师为学生提供学业就业支持，帮助学生逐步回归正轨。

建立“宿舍—课堂—班级”三级观察体系，多方掌握学生日常状态。运用分层谈心策略，初期以共情建立信任，中期聚焦现实问题解决，后期引导自我认知重构，根据学生反馈持续优化谈话策略。

帮助学生走出现实困境的同时，将思想引领融入帮扶全过程：通过生涯规划重塑主体意识，依托校园活动重建社会联结，运用认知行为疗法修正非理性信念。重点培育学生情绪管理、抗挫力等心理弹性要素，推动实现“危机化解—认知升级—人格完善”的阶梯式成长。

家校联动厘清成长史，制定个性化帮扶方案；专业教师团队破解学业困境，心理健康教育中心提供持续咨询；保卫部门建立安全预警机制，警方协同处置极端情况；朋辈群体通过日常关怀构建情感支持网，形成“专业干预+社会支持”的双重屏障。

职业规划与就业创业指导

实习不顺 该何去何从?

案例撰写人 高鑫

案例背景

小W,女,某学院准硕士毕业生。该生来到辅导员办公室的时候,心情看起来有些抑郁,说话语气低沉,眼神躲闪。

该生自述面临即将到来的就业季,同学们都在投简历找实习。但找实习的过程并不顺利,自己经历了无数次投出的简历如同石沉大海般杳无音信的过程,经历了一波又一波的挑战和自我怀疑后,最后终于通过某大厂笔试和面试的环环考核拿到了暑期实习offer,且有留用机会,本来心里是非常高兴的,也希望能在实习过程中表现突出,拿到留用资格。但是工作了一个月之后自己并不快乐,经常情绪崩溃,压力过大。为此,该生非常困惑,不清楚自己是否还要继续这份实习工作,同时她也对未来如何求职感到迷茫,于是想来寻求辅导员的帮助。

谈心谈话准备和思路

辅导员在听取了小W简要的自述之后，敏锐地意识到她当前面临的困境和心理压力。为了确保谈话能在安全、私密且有利于深入沟通的环境下进行，辅导员引领小W来到学院专设的心理咨询及谈心谈话室。该房间的布置温馨舒适，色调柔和，环境宁静，能有效屏蔽外界干扰，充分尊重并保护学生的个人隐私。

对于即将进行的谈心谈话，辅导员进行了周全的准备和深思熟虑的谈话策略设计。本次对话的核心目标分为三个方面：一是要通过谈心谈话弄清楚该生实习过程中遇到的问题或难处；二是针对该生遇到的状况提供一定程度的心理辅导；三是通过谈心谈话更全方位了解该生情况，给予相应的求职指导。

谈心谈话过程

辅导员：来，小W，给你一瓶水，坐吧！你刚刚说你的实习不太开心，是在哪里实习呀？

小W：老师，我现在在×公司的×部门实习，感觉压力很大。

辅导员：嗯，你具体展开讲讲，我听一听。

小W：老师，其实我挺喜欢这份工作的，岗位和工作性质都和我之前的求职期望挺接近的，而且我也是好不容易才找到这份实习的，我本来想好好干，争取拿到留用机会。

辅导员：诶，那听起来不错呀！

小W：是的老师，但我干了一个月之后感觉整个人的状态越来越不好，我感觉要得抑郁症了，晚上也老睡不着觉，很焦虑，老师你也能看到我现在爆了一脸的痘痘，现在我很不自信……

辅导员：哦？怎么会这样呢？

小W：我在的工作组是一个年轻的姐姐带我，她能力挺强的，要求很高，但她脾气不太好,有时候我哪些地方做的没让她满意,她就会批评我,次数多了我心里对她就有一种畏惧感,生怕出错误,事情做不好。

辅导员:你能举个例子吗?比如说哪件事情或者是哪个场合,让你觉得很难受?

小W:之前有一次因为一个活动的PPT没有做好,其实我觉得也不全是我的原因,事先她也没讲清楚具体想要什么样子的,当时我做完反馈给她的时候,她不满意,脸色挺难看的,当着其他组和我同一批进的实习生的面,不留情面地说你这都做的什么鬼玩意儿!那一瞬间我感觉特别没有面子……类似的情况还是蛮经常出现的,她对人对事要求确实很高,说起话来不会顾及对方的感受……这些都让我越来越不自信,也很不开心……

辅导员:你有跟她沟通过吗,比如就沟通方式方面?

小W:有的,之前有一次我跟她说自己不想干了,她问我原因,我就如实说了一点儿,她说自己是对事不对人,还说之后也会注意表达方式,让我先干着,我其实对这份工作本身没有什么抵触心理,所以也不舍得这个难得的机会……但是后面仍旧出现了几次这种状况。而且她是个工作狂,工作起来完全不会看时间,也不考虑别人是不是已经休息了,有一次半夜11点半给我打电话,就一个文件怎么写跟我说了快1个小时。本来白天上班就很累了,晚上还要胆战心惊地接她电话,现在她的电话一响,我整个人都不好了,感觉很疲惫,情绪非常压抑……

辅导员:小W,听完你的叙述,我非常理解你的感受。其实呢,在职场上遇到高标准严要求的领导也是比较常见的情况,这也是对咱们能力的一种检验和磨练,但不可否认,就像你现在一样,这种情况也可能会给我们带来一定的心理压力。对于这件事情,咱们可以辩证来看,首先你要知道,这位姐姐她的严格可能源于对自身工作的极高热情和责任心,而这也正是你能在这份实习中学习并且获得成长的重要机会。当然,对于她的这种偏激进化,或者咱们说有可能明显带有情绪化的批评方式,你需要学会理性对待,并且建立健康的应对机制。

小W:嗯嗯老师,我也意识到这个姐姐可能对我没有什么恶意,可能就是单纯对我的工作呈现出来的结果不够满意,我其实也在努力把各项工作做得完美,但总是达不到她的期望值,这让我非常崩溃……

辅导员:小W,你已经在尝试改进自己的工作方法和成果,这是非常积极的态度,你也得肯定自己的这些优点,而且老师知道你是一个很上进要强的女孩,老师也相信你可以把工作做好。但同时,无论现在这份实习还是以后你进入社会开始工作,与上级进行有效的沟通也是工作中非常重要的一环。你可以适时地私下与她反馈,表达你希望得到更明确的工作指导和期望,同时也坦诚地告诉她,频繁的严厉批评让你感到压力巨大,影响到了工作效率和情绪状态。如果可能的话,请她提出具体的改进建议,而不是简单接受批评。此外,你刚刚提到的公开场合遭受他人的指责,咱们可以这样想,每个人都有犯错误的时候,更重要的是你学会如何从错误中汲取教训,不断提升自己。尽管当时你可能觉得颜面扫地,无地自容,对吧?这些反应非常正常,但咱也得尽量保持冷静,反思自己的问题所在,并努力改正。同时,咱也要培养自我的心理韧性,明白工作表现并不等同于个人价值,不要因为一时的挫败就否定自我。

小W:好的老师,谢谢您,和您讲完这些我感觉心里舒服多了,但我就是想不太清楚自己要不要放弃这份实习,一方面觉得自己确实压力很大,一想到要去公司就觉得很难受,另一方面又担心现在这么卷,下一份实习不好找……

辅导员:嗯,明白,咱们年级也有其他同学过来找我聊天,也都提到求职就业压力大,你这种心理也非常正常。你刚刚也说这份实习符合你的职业期望,这份工作性质你是喜欢的,只是说和你的带教搭档不太契合,对吧?我觉得你可以先试着调整一下自己的心态,不要把带教姐姐的批评看得太重,而是把它当成一种学习和成长的机会,最重要的是从这份实习中学到你想要的“干货”。

小W:嗯,好的老师,经过刚刚您的安慰,我也想再给自己一次机会,后面我尝试调整一下心态,如果能争取到留用机会最好,如果争取不到的话,这份实习我感觉对我之后的求职应该还是有一定帮助的。

辅导员:对呀!你能看到这份实习好的一面,这一点就很棒,现在离秋招开始还有几个月的时间,老师觉得你可以先通过这份实习,把你想从事的行业、岗位等摸清楚,积累相关项目经验,哪怕咱最后确实因为种种原因没有留下来,但是起码咱的简历上不是一张白纸呀,再找这类工作的时候你有经历可以谈,你的求职目标现在也很明确,就想从事×行业,老师觉得这份实习还是非常有含金量的,咱们也得把握住!关于你前面提到的失眠和情绪抑郁等情况,这些也都是长期高压环境下可能出现的身体反应。你可以尝试在业余时间多做一些放松身心的活动,比如运动、阅读或者发展一下个人兴趣爱好,缓解压力。如果之后情况不见好转或者再持续恶化,我现在把咱们学校心理指导中心咨询的方式发给你,你也可以寻求专业的心理咨询,积极去调整心态,走出困境。

小W:好的,谢谢老师!和您聊完我心里通畅多了!之前觉得职场上的人际关系太难处了,对就业求职都怕了,现在我想先调整好自己,积极对待工作,或许一切都会慢慢好起来。

辅导员:嗯嗯,加油哈!人总归要长大,走出学校、走上社会的过程难免会有些许磨练,这些都是我们每个人长大、变成熟的必经之路。后面如果还有需要,你也可以随时来找我聊聊天,老师以前经常在你的朋友圈里看到你发自己跳舞的视频号,跳得特别好,老师打心眼儿里喜欢你,希望你尽快调整状态,老师相信你的能力和态度肯定没问题!

小W:好的老师,谢谢您,我会加油的,那老师我先回去了,老师再见!

辅导员:再见!加油!

案例思考总结

第一,谈话开始前主动与学生拉近距离。比如谈话开始前我给学生准备了一瓶矿泉水,带她去专门的谈心谈话室,面带微笑,声音缓慢而温和。让她感受到我对她的关心,从而充分信任我、放松自己,为谈话做好充分的条件准备。

第二,谈话前期以倾听为主。当我意识到学生是因为实习产生了巨大的心理压力和情绪障碍时,谈话的前半段主要是根据谈话想达成的目标有目的地引导学生倾诉,通过提问不断将问题具体化,学生通过逐渐深入地倾诉可以有效发泄内心的压力、疏解抑郁,同时我也可以更全面地掌握学生的基本情况,为后续“支招”做好铺垫。

第三，谈话后期以指导为主。在基本掌握学生情况后，后期我掌握话语主动权，首先坚定地肯定学生本人，让她知道自己还是被人认可的。其次对学生遇到的具体问题给予建议与指导。当我确认学生对这份实习是珍惜的，也喜欢这份工作，而且这正是她的求职目标之后，我建议学生改变一下思维，将当前关注点转移，不要过多去纠结与带教姐姐相处不顺畅这一点，而是沉下心来去思考如何把握住这份难得的实习机会，学到相关技能，为日后求职"储能"，同时也就学生如何改善与带教姐姐的关系提出建议。

第四，我认为这次谈话基本上达到了预期的三个目标。之后，我隔一小段时间会主动与该生微信联系，了解学生的心理状况、实习感受等，给予鼓励和相关帮助，让学生感受到母校和老师的关怀，助力学生的求职之路。

『爸妈，我不想考研』

案例撰写人　郝钰

案例背景

小Z同学是一名大三年级本科生，自入学以来热心学生工作，是年级的主要学生骨干，虽学习态度认真，但学习成绩排名较后。大三下学期开始后，小Z看到身边的同学纷纷对毕业去向有了较为清晰的认识，认为自己也需要尽快确定方向并着手准备。结合自我认知，他产生了毕业后到国企、事业单位党务岗位就职的想法，但家长认为目前就业市场上研究生学历更好就业，应先考研再就业。学生因此产生就业规划迷茫、内心焦灼不安等问题。辅导员了解到情况后，与该同学进行谈话，引导学生树立正确的就业观，同时帮助学生掌握与家长沟通的技巧。在这次谈话过程中，该同学与辅导员沟通效果良好，学生进一步了解了自我，对自己的发展方向有了更为清晰的认识；同时，学生掌握了更为具体的沟通技巧，在谈话结束后与家长进行了沟通，最终得到了家长的理解与支持。

谈心谈话准备和思路

这次谈话在辅导员办公室,时间为下班后,因此办公室内仅有辅导员与学生,为学生畅所欲言提供了较好的室内环境。在谈话前,已知信息包括:学生在约谈前已完成就业方向探索,基本确立生涯规划;辅导员已通过其他学生骨干了解到该生因家长不支持其就业选择而在宿舍哭泣;该生作为主要学生骨干,与辅导员有良好的信任关系。这次谈话系辅导员主动约谈,谈心谈话拟达到两个目的:一是要让学生意识到找一份心仪的工作和学历没有必然联系,就业选择是结合自身特点做出的选择;二是要让学生意识到家长的意见可作为考量因素之一,但学生本人才是职业发展规划的第一责任人,沟通出现矛盾时可运用技巧促进沟通目标的达成。

谈心谈话过程

辅导员:小Z,我看你最近心情不好,状态欠佳,能和我说说最近遇到了什么问题吗?

小Z:唉,还能有什么事,还不是我未来发展的事。老师您也知道,我学习一般,虽然对专业很感兴趣,但我成绩排名靠后,肯定没法保研了。这都已经5月份了,我觉得我得赶快找一个实习,这样才能不耽误今年秋招找工作。但是我爸妈不让我实习,他们非要让我去考研!

辅导员:父母为什么希望你考研呢?

小Z:他们觉得本科生找不到好工作,我又保不了研,他们就说我必须要去考研,等研究生毕业了再找工作。

辅导员:父母对"好工作"的定义是什么呢?

小Z:他们说这个工作要稳定,可以薪资不高,但必须是公务员、事业编这种"铁饭碗",这样以后也好找对象。

辅导员:你对这个定义如何看待呢?

小Z:我觉得他们说得对,但又不对,我很纠结,纠结的时间越长我就越焦虑,本来我现在应该在投简历了,却在这里想东想西!

辅导员:好的,先不要着急,你刚才说他们说得对又不对,这是什么意思?可以具体说说吗?

小Z:嗯,我觉得我爸妈肯定是为我好,而且肯定是学历越高越好找工作,所以一个研究生学历挺重要的,看起来我是应该先去考个研。但是上次咱们一起去访企拓岗,某央企介绍的工作内容与工作环境让我十分心动,我做学生工作都三年了,我觉得我的能力和他们的岗位需求十分匹配,所以我又觉得我爸妈说得不对,人家这个岗位就没有要求必须是研究生才行呀!

辅导员:好的,小Z,你刚才提到了,你在实践中已经看到有一些符合你预期的岗位招聘时不需要研究生学历,也就是说找一份心仪的工作和学历没有必然联系,是不是?

小Z:是的……但我在想万一我真的能考上研究生呢?我是不是毕业以后工作更好找了?或者工作待遇更高了?

辅导员:好的,那让我们现在就假设你已经考上了心仪的硕士研究生,即将要毕业找工作了。我现在给你打开招聘网站……你看,很多待遇不错的工作招聘门槛都是本科,这些工作的要求和内容都与你比较吻合。我们再看一下必须要求研究生学历的……你看这些工作的待遇和刚才本科以上就能投的工作待遇差别并不是很大。作为考上研究生、辛苦读了三年即将要找工作的你而言,现在是什么感受?

小Z:老师,我代入以后,现在挺难过的。我在想我这三年图什么?就为了毕业以后每个月多这点儿钱吗?如果不读研,我这些钱早也挣回来了。我以前都没有意识到,现在我明白了,执着这个学历也没有什么用,我心里还是希望尽快就业的。但我不知道该怎么和我爸妈说,我一说不考研他们就很难过,还会和我吵架,我心里也很难过。

辅导员:之前你是如何与爸妈沟通的呢?

小Z:我爸妈每次打电话催促我考研,我就说不想考,我现在就想去找工作。

他们就骂我目光短浅,要求我必须去考研,这样才能有光明的未来。我这时候只能沉默,我说什么他们都不听啊!

辅导员:父母之爱子,则为之计深远。他们对你的毕业去向有建议,是因为希望你过得更好,这一点你要理解。现在他们和你有了不一样的看法,你总是沉默,他们是无法了解你内心真实想法的,反倒还会担心你是不是想法不够成熟、没有考虑更长远的问题、没有更深入了解自己……

小Z频频点头。

小Z:老师您说得太对了,他们就是觉得我还小,想法不成熟!我其实已经长大了,他们怎么就意识不到呢?

辅导员:我在大学本科毕业前夕也曾和父母有过这样的争吵,他们希望我考研,我希望出国读书。我当时也曾和你有过一样的感觉,认为父母不理解我,都是父母的错。后来,我意识到可能是我表达的方式不对,于是我把我为什么选择出国而非考研的理由分条目列出来,然后把我选择出国读书和考研的优劣势也分别列出,最后把我为出国读书做了哪些准备也都一一写下。当我父母看到列表后,他们意识到我是经过深思熟虑做出的选择,而不是盲目跟风,内心对我产生了信任,也就没有再过多干预我的选择了。

小Z:我明白了,老师,我也应该让我爸妈知道我做这个决定不是一时头脑发热,而是我把很多可能性都考虑了之后慎重做的决定。我回去就这样做,谢谢老师!

案例思考总结

这是我与小Z同学在大三下学期即将结束时的一次谈话,从谈话后该生的行动来看,本次谈话较为有效。这次谈话是我在了解到该生与家长在就业选择上出现分歧、产生心理压力后进行的主动约谈。

在谈话开始前,我已了解到学生基本确立了毕业去向为就业而非升学,这也是综合考虑了多方因素、完成自我探索后做出的决定,而让该生对自己毕业去向产生摇摆的关键点在于家长提到的“高学历才能有好工作”这一观点。于是，我在谈话伊始便抛出“如何定义好工作”等一系列开放式问题，通过让学生谈看法、看就业招聘数据、了解就业信息差，引导学生树立正确的就业观，意识到找一份心仪的工作和学历没有必然联系，就业选择是结合自身特点做出的选择。学生在意识到家长观点并非绝对适用于自己后，还面临着无法与家长有效沟通这一困难点。我通过讲述自己亲身经历，与学生拉近距离，并为其提供沟通技巧与思路，以此帮助学生缓解不被家长认同的心理压力。

我认为这次谈话基本上达到了预期的目标。在后续的追踪中，该生反馈其父母看过学生清晰的规划表后，同意其按照自己的就业规划开始实习，不再坚持要求学生考研，学生因此感到内心愉快和被认可。未来我将继续关注这位同学的情况，并与家长做好沟通，帮助学生做好生涯规划，达到其就业目标。

『我想征服面试官』

案例撰写人　贾盛

案例背景

小M,女,硕士二年级,因求职问题主动向学校就业指导中心预约辅导员谈心谈话。该生衣着整洁、举止得体、语言表达流利,能够清晰描述自己所面临的问题和对此所做的思考。

该生自述其出生于河南农村,从小在竞争激烈的环境中成长,自我评价和周围评价标准只有一个,就是学习成绩。高考表现一般,本科仍在河南读大学,后考入南开大学攻读硕士研究生。本科与硕士学习期间,成绩都是所在专业第一名,其间也在学院的学生组织中担任职务,多从事文字工作,觉得自己符合绝大多数用人单位的岗位需求。

然而在近两个月的应聘过程中,小M发现自己很少有机会通过简历筛选。少有的几次面试机会,面对用人单位的面试官,其紧张到难以自如地表达,因此觉得别人眼中的自己是个"不靠谱"、难以接近的人。为此,小M非常困惑,渴望得到帮助,让自己能够在和面试官交流的时候更加自信。

谈心谈话准备和思路

小M对自己的问题有着较明确的认识，而且改变动机强烈，只是期待找到具体的行动方法，所以非常适合运用生涯教练技术对其进行干预。

征得小M的同意之后，我们初步达成协议，共进行五次谈心谈话，每周一次。

首先，引导该生将模糊的愿景变为清晰的行为表现，时间上由远及近，从“未来”到“最近”，从“毕业前”到“一个星期后”，逐渐增加自主行动的可操作性，并在这个过程中，使该生的情绪由无法行动的迷茫变为勇于突破的坚定。

其次，帮助该生搜集与整合可利用的资源，通过偶发事件、周围资源等寻找，增加其进行自我突破和改变的动力与机会，完成赋能的过程。

最后，在每个阶段目标实现的过程中，进行相应的督促、肯定、安慰等，以促成与巩固改变的发生，并在出现阻碍的情况下，与小M一起重新进入“问题分析—资源整合—发生改变”的能动调整循环。

谈心谈话过程

第一步：收纳面谈，建立咨访关系。

本着热情、真诚的从业态度，通过表达共情、积极关注，与小M建立良好的咨访关系。收集小M的相关资料，并且谈论相关内容，对其所面临的问题做初步了解，为下一阶段的干预打下良好基础。

辅导员：小M，首先对你的信任表示感谢，我对你能够正视自己的困惑，主动寻求帮助的行为表示肯定。接下来，我们一起去为你的目标而努力，好不好？

小M：好的，老师，那需要我做些什么呢？我可以从您这里获得什么样的帮助呢？

辅导员：在这次咨询中，想要获得改变的是你，变成什么样你会觉得满意，这个标准依然在你，可以说，你是你全部感受和需要的专家，我仅仅是你的一个促进者，换句话说，就是一个激发你自身拥有的潜能的调动者。

小M:我明白了。一直以来我觉得自己很优秀,可最近这段时间我求职受阻,的确有不少困惑期待得到帮助。

辅导员:当你意识到,面试官的目光对你形成压力的时候,感到有些困惑,这种情绪反应是正常的,我想每个人意识到自己本来在其他方面都很优秀,但某一方面稍显滞后时,都会有类似的感受。

第二步:目标澄清,计划制定,促进变化发生。

1.目标澄清

小M的期待是“我希望征服面试官”,在这个过程中,对小M自己所谓的“征服”保持充分的好奇,在一系列的提问中,逐渐澄清。

辅导员:毕业季临近,周围已经有同学拿到了不错的offer,我们有了足够的紧迫感改变自己的行为方式,这个想法听起来都让人很刺激,不过我不太清楚,你所说的“征服”具体是如何表现的呢?

小M:老师,我也没把“征服”想得多复杂,在我心目中,“征服”就是指一个人可以很自如地表达自己的想法,且给对方留下良好的印象。

辅导员:那我可不可以这样认为,在你看来,只要一个人可以在规定的时间内自如地表达自己的想法,给面试官留下良好的印象,就说明这个人已经征服了面试官?

小M:是的,我觉得能做到这一点,我就离拿到offer不远了。

辅导员:假如你的这个愿景实现了,比如说,两个月以后,所有见到你的面试官都会说,这个人不错,可以考虑留用,那时的你会有哪些变化呢?

小M:我觉得我会重拾信心,再去参加面试时也不会像现在这么紧张了。

2.计划制定,并促进变化发生

在制定具体的行动计划之前,需要让小M有一个循序渐进的思维方式,并且做好需要较长时间最终实现自我突破的准备。

辅导员:我们的行为方式,是在很久以前形成的,这个历史问题我们就不再去追溯了。当然,要对伴随你20多年的习惯化行为方式进行改变,我们确实需要一些时间。求职的黄金时间就这几个月,所以一方面要做好边改变边尝试的准备,另一方面我们可以从最容易的方面着手开始,你觉得怎么样?

小M:好,我觉得之前的面试表现可能都不尽如人意,您觉得该从哪里着手呢?

辅导员:如果两个月以后,你可以实现的目标是能够与任何一个面试官自然交往,并且能够给对方留下不错的印象,那么我想问一下,如果说这一周你可以做一点儿具体的变化的话,那是什么呢?

小M:嗯,我身边还是有不少面试经验丰富的人,我是不是可以找他们取取经?

辅导员:你刚才说,可以先从向身边面试经验丰富的人取经做起,那么你身边现在最容易让你去学习的是哪些人呢?

小M:我的不少同学都顺利拿到了offer,我的师兄师姐也在职场打拼多年,我想找他们聊聊看。

辅导员:好,下周我们见面的时候,对于你周围这些最容易让你去学习的人,你准备做些什么,让我看到你的进步呢?

小M:那我就争取用一个星期的时间,收集到本专业所有拿到offer同学的求职信息,制作信息表,下周来介绍这些同学涉及的行业、企业,每个行业至少向您分享一条面试经历。

第三步:反馈,鼓励,提出新的挑战。

在接下来的第二个阶段,小M表示自己已经完成了上一次的目标,并且与我分享了她的成果和感受,我们对着信息表,她看表中的姓名,我看后面的求职信息,一一对照,七位同学,她与我分享了其中四位同学在银行、快消品、房地产、电商这四个不同行业的面试经历,这是一个很好的突破,并且与我分享了她在这个过程中的变化,一方面她不再因为谈及某个行业、企业一无所知而感到尴尬和挫败,另一方面在了解同学面试经历的过程中,她加强了对面试官提问方式、内容的熟悉,自述这种感觉非常好。

在对小M的变化和进步进行了充分的肯定之后,我开始对她提出新的挑战,最后小M制定了第二周的目标,即在本周内,分别找另外三位同学模拟面试官的身份,进行模拟面试。

第三个阶段,小M表示一开始确实有一些退缩,但是她还是克服了自己的焦虑,完成了任务,而且之后的感觉比上一周的挑战更好,因为她觉得从了解别人的面试经历到能够亲身体验,确实是一个飞跃,我对她给予了及时的肯定与鼓励,并且提出新的挑战,即制定第三周的目标:在本周内,寻找三位非本专业已经拿到offer的同学了解面试经历,并进行模拟面试。

第四个阶段,小M的突破就更大了,她不仅实现了计划,而且还有很多的进展,她发现自己对常见行业面试官关注的问题都初步掌握了,本周内她还参与了某企业一场真正的面试,自己感觉还不错。对于这样的飞跃,我给予了充分的赞扬。在争得小M的同意之后,我们决定让她把目前这种状态持续一个月,一个月之后,我们进行第五次谈话。

第五个阶段,小M已经明显地改变,不仅在她的自述中,而且从她走进谈话室前能够自如地与外面一起等候的学生交谈,已经可以看出,她身上的改变已经悄然发生。

此外,在第五次谈话的后十分钟,我们回顾了两个多月以来的共同工作,我首先对于小M的信任表示感谢,其次总结了每次小M获得的突破及实现的计划,最后鼓励小M将这种解决问题的思路应用到自己生活的其他方面,做自己的教练。

案例思考总结

第一,真诚沟通,积极关注,无条件接纳,可以促进咨访关系的建立。

第二,放下自己的判断,做到真正保持好奇,本身就是一个赋能的过程。

第三,将遥远的愿景变为可实现但是又具有一点挑战的阶段性目标,是一个通过提问来不断具体化的过程。

第四,作为真正的信任者,我们不仅要相信学生具有实现改变的能力,还要相信学生对于改变后的任何结果,都有能力去承载。

如何引导学生理性决策

案例撰写人　王兰

案例背景

小L同学是一名医学专业硕士二年级学生，在面临继续读博还是找工作的时候犯了难，于是询问辅导员的意见，她觉得读博还需要几年艰苦的学习，并且津贴也不高，还不知道毕业后是否更好找工作，但是目前很多医生的岗位都需要博士学历，硕士毕业后可以直接就业，但也担心对工作不满意。

谈心谈话准备和思路

这次谈话安排在咨询室内进行，会议室布置简洁、干净。这次谈话的主要目的在于帮助学生立足当下的实际情况，找到个人发展的目标，做出适合自己的选择。

谈心谈话过程

小L：老师您好，最近遇到了一些困惑，就是电话里和您说的，硕士毕业后是考博还是直接工作，我拿不定主意，所以过来问问您。

辅导员：好的，小L，感谢你的信任。最终这个决定还是你来做，我帮你一起分析一下，有可能能够帮助你做出决策，你觉得可以吗？

小L：可以，谢谢老师。

辅导员：我想了解一下，读博或者直接就业，这个决策是你说了算吗？有没有父母或者重要他人，要求你必须要做出什么样的选择？

小L：我父母完全尊重我的意见，我的导师很厉害，如果我不读他的博士，肯定有很多人想读，所以导师也是尊重学生的选择的。

辅导员：那就是你对就业选择是有绝对的决策权的，对不对？

小L：是的。

辅导员：好的，那么你什么时候就必须要做出这个决策了？

小L：我需要在1个月内做出决策，因为这期间我会见导师汇报我的论文，如果我申请读博士，我就要将论文尽快完善一下，导师对博士生的要求还是非常高的，尤其是论文中的数据分析，我要再做得更完善一些，这样我在跟导师见面的时候才好提出来我想读他的博士。而且，学院应该不久之后就要发通知提交博士申请材料了。

辅导员：好的。假如你去询问你的父母或导师这个问题，你觉得，他们会有什么样的建议？

小L：我跟父母讨论过这个问题，父母觉得我能找到好的工作就尽快找工作，导师其实建议我们读博的，他认为我们既然选择医学这个学科，就希望我们能够真正做一名大夫，想要做大夫的话，还是要把博士读下来。

辅导员：你的父母、导师其实都提出了他们的建议，那么通过对他们的建议分析，你的观点是什么？

小L（思考片刻）：谢谢老师帮我梳理，关于就业方向，我其实有自己的想法、一是读博士，读博士可以选择申请考核制直博，被选上之后不能放弃，刚才我也提到了，我的导师学生不少，但名额有限，不一定我能被选上，选不上就要考博，考博非常困难，竞争很激烈，并且有发表的论文才更容易找到博士生导师愿意接收，博士期间津贴是2500元每个月。二是去一些比较好的城市的三甲医院做临床医生，这样收入会高一些，硕士毕业虽然有机会，但是确实有点儿难。三是转行，比如去医药公司、保险公司等，这些公司中有些岗位会招医学毕业生。

辅导员：很好，目前有三个就业方向，你进行了相关的探索，都觉得有利有弊，所以没有办法做决策。那么我们来想象一下，就是无论你选择哪一个方向，最终你想要的是什么？

小L（思考片刻）：我想不出来最终我想要什么。

辅导员：那我换个说法，今年你23岁，想象一下，你30岁的时候，你的工作、生活是怎样的？比如在哪里工作？环境如何？你的工作状态如何？你放松一下，可以展开想象。

小L（思考片刻）：这个问题就好回答多了，我想到时候我的月薪一定是一万以上，工作虽然忙，但有休息的时间，当然可以适当加班，我希望我工作的时候是有成就感的，可以胜任的，并且我想工作应该是稳定的。

辅导员：在什么地方？

小L：一线二线的城市吧，我应该有自己的房子和家庭。

辅导员：很好，那我们回来再看看，这样岗位的工作一般有什么能力要求，你理性地想一想。

小L：还有七年的时间，我想应该是学识比现在更加丰富，我现在觉得我能力不足。

辅导员:好的,那么你觉得这些能力最好从哪里获得?

小L:我想我可能还是要读博士的。

辅导员:说说原因,为什么突然就想读博士了?

小L:我觉得稳定的工作还是在一线二线的城市做医生,医生这个工作能给我更多的成就感,如果要做医生,还是要读博士,因为即便我硕士毕业应聘到了一个三甲医院医生的职位,我觉得以我目前的能力还不能完全胜任,虽然工作中可以学到一些技能,但是我觉得读博士还是一种更好的理论能力和实践能力提升的途径。

辅导员:那你觉得收入降低怎么应对呢?

小L:一个月2500元,我觉得基本生活也够了,读博士比较忙,我估计也没有时间出去消费了。

辅导员:那么接下来的一个月,你要做哪些事情为读博做准备呢?

小L:我要好好整理论文数据,同时尽快与导师约定见面的时间,我在医院实习也要好好表现。

辅导员:最重要的包括临床工作和论文完善这两件事儿,是吗?

小L:是的,老师。

辅导员:你觉得你的问题解决了吗?

小L:解决了,谢谢老师!

案例思考总结

学生经常会遇到不知道如何决策的问题,如是否转专业、是否考研、是否读博、选择什么类型的工作单位等,出现这些决策困难的原因,主要有两方面,一是学生对自身的情况和职业环境不了解,二是学生没能很好地梳理自己了解的信息,因此无法做出理性的决策。作为辅导员,并不是告诉学生选哪个选项,而是引导学生进行理性的分析,找出自己的选项。这个过程中,有两个关键点,具体如下。

一是谈话中要让学生做主角,有效引导学生理性思考。学生有决策的困惑,作为辅导员,根据自己的主观意见帮助学生做决定或说服学生做出辅导员认为对的决定是不妥当的,这样的建议学生即便当时采纳,后期在执行的过程中也容易出现问题,因为毕竟每个个体的情况都是不一样的,所以要从学生个体情况出发,引导学生做理性思考,这是此类谈话的关键所在之一。

二是谈话中要引导学生思考目标方向,以帮助解决当下困局。学生经常面临不同的选择无从下手,就像站在十字路口不知道朝哪个方向行进,这个时候,我们要引导学生探寻自己的目标,让学生思考期待的工作和生活状态是怎样的。在这个过程中,学生更容易放松下来,开始认真思考自己想过怎样的人生,有怎样的生活,在确定目标之后,从目标出发,倒退思考为了过上这样的人生,应具备怎样的能力素质,当下的哪个选择更能培养这样的能力素质,这样以目标为导向的逆向思考,可以扩大学生内心的格局,从而帮助学生解决当下的困局。

读研 or 工作？迷茫的毕业季

案例撰写人　王晓雅

案例背景

小 A 是一名本科四年级的学生，周围很多同学已经早早定好了未来的生涯计划，比如小 A 的舍友，一位保研，一位考研，另一位则是选择找工作。而小 A 仍抱着迷茫的态度，不知道在这样一个阶段自己应该做出什么选择。小 A 的学习成绩位于年级后 30%，大三时曾经参加过实习，但是听他人说，硕士毕业后选择更多，就业机会更多，再加上周围很多人都去读研究生了，自己很迷茫、担心。

谈心谈话准备和思路

这次谈话，主要涉及生涯规划问题，辅导员提前预约好学院小会议室，会议室简单整洁，空间宽敞且光线明亮，安静私密，隔音好，在交谈过程中不会被外界的声音干扰。小A能够意识到自己的迷茫并主动找到辅导员寻求帮助，辅导员提前从舍友、任课教师处对该生的生活、学习情况进行了解，对其最近的状态进行判断，同时整理学院过去的就业数据、就业情况，以备在谈话中作为较有说服力的案例。

谈心谈话过程

辅导员：小A来啦，请坐。

小A：谢谢老师。

辅导员：你之前找我说，在毕业的去向问题上犯了难，能不能再具体给我讲一讲呢？

小A：老师，是这样的，我现在很迷茫，周围人大多数都想要去读研究生，但是我其实已经不想再上了，您也知道，我实在不太适合学习。可是很多人都去读研，我有点儿慌。我挺犹豫的，但是现在周围的人找工作的找工作，考研的也在努力，我还什么也没有准备。

辅导员：那么就你自己而言，结合自身状况，你希望能在学业上再上一个台阶吗？

小A：从学业上来说我是不想的，但是我怕本科生找工作没有优势，怕到时候大家都是研究生只有我是本科学历，有点儿不好意思。

辅导员：我记得你之前有去参加过实习，实习期间你觉得怎么样呢？

小A：您是说大二那次实习吗？我觉得挺不错的，我喜欢那种工作节奏，周围同事也说我干得不错。

辅导员：看来这份工作对于你来说，就现在的情况来看，你还是比较愿意去做的吧？

小A:是的,老师,我还是挺喜欢之前那份工作的。

辅导员:既然有喜欢的工作,是不是可以尝试着去做呢?

小A:老师,那家单位有点儿远,我不太想去。而且我总想着,万一我读了研究生,有更多选择了呢?

辅导员:现在是10月,考研大概在12月,对于考研,你有做哪些准备吗?

小A:老师……我还没有……

辅导员:目前还有不到两个月的时间,如果现在开始为了考研而学习的话,你需要付出非常大的努力,要比早就开始学的同学加倍地付出,但是结果也不能确定,这个你可以做到和接受吗?

小A:我看我那位考研的舍友都学了很久了,我……我没有什么信心能够做得比他还好,可能不是很来得及了吧。

辅导员:那既然这样,会不会去工作是一条更好的路呢?

小A:可是老师,大家都说本科生不好找工作,而且如果大家都读研只有我去找工作感觉有些丢脸。

辅导员:首先呀,读研还是工作,这只是一个个人生涯选择,并不涉及你讲的找工作就不如大家。咱们当下的要务,就是在目前的条件下,找到一个最优的选择。本科生也并非不好找工作,我整理了咱们近三年本科生就业的数据,你可以做一下参考。

小A:但是如果我以本科生的身份就业,是不是不如研究生挣得多呢?

辅导员:确实是这样,一般在薪资待遇上,研究生的起薪会高一些,但是同时,本科生也可以提前两至三年进入社会,积累更多的职场经验,这样来看,实际上本科生就业后,实践经验会比同样年龄的研究生丰富,能力比较强,这样你的工作综合能力和优势要比研究生毕业后再进行就业有优势。

小A:嗯嗯,您说得感觉很有道理,我其实之前也查过一些岗位,我意向的那些岗位也不需要研究生学历。

辅导员:嗯嗯,我也看了一下你之前去实习的岗位,你很符合他们的招聘要求,况且如果以后真的想提升自己,也可以选择读在职研究生,两者并不完全冲突。

小A:那么老师,我还是想要工作,说实话,我学习专业知识的能力一般,想要读研其实也只是有点儿"不甘心",但是我也知道自己不适合考研,目前的时间和能力都达不到,相比之下,工作更适合我。不过现在这个时候,找工作是不是也有点儿晚了?

辅导员:小A,很高兴你做出了自己的选择。现在找工作,其实不晚,正好赶上秋招,时间刚好。你可以多多关注咱们群里的就业信息,学校的网站上也有很多就业的双选会信息。你之前的公司,也不止那一家,如果有兴趣,我这里有他们HR的联系方式,你也可以和他们再聊一聊,进一步了解一下。可以在你的能力可胜任的范围内,选一个工作内容、工作待遇最优平衡的。当然,这也是双向选择。

小A:明白啦,谢谢老师。我也没有什么其他的顾虑了,那我就多多关注这些信息,脚踏实地好好找工作。

案例思考总结

综合该生的成绩、学习状态、实习经历,以及该生自己的表述来看,该生实际上不倾向于选择考研,但是由于种种顾虑,不甘心放弃。但是,其一,该生学习专业知识的能力并没有优势;其二,该生对于考研没有任何准备,但是对于就业则有相关实习经历的优势,且时间也相对充足。谈话中,要引导该生理性分析自己的优势劣与势,同时给予正确的就业观引导,不能将本科找工作等同于没面子,指出本科生就业、研究生就业的对比。同时,以往年的数据做参考,更有说服力,提出为学生提供相应的帮助,比如联系HR、提供就业信息等,消减学生在寻求就业过程中的焦虑紧张情绪。

害怕『毕业即失业』

案例撰写人 杨晓颖

案例背景

小A同学是一名经管专业本科生，听同学反映他最近情绪低落，表现出悲观情绪。经了解，是因为最近步入大四，很多同学有了明确的毕业去向，而小A很迷茫，不知道该如何规划未来，担心自己“毕业即失业”。辅导员调研得知具体情况后，及时约小A进行谈话，一是帮他探索自身能力、兴趣、职业价值观等主观条件；二是帮他认识外部职业世界，选择适合自身的毕业去向；三是帮他制定具体行动指南，为锚定的职业方向做准备工作。

谈心谈话准备和思路

这次谈话，辅导员选在了学院“就业加油站”工作室，室内设有职业生涯规划指导手册、职场精英案例集、名优企业推荐录等资料专区，也有温馨的洽谈区。这次谈话主要是为了摸清该生真实的思想动态，帮助学生明确奋斗目标，制定详细的行动方案，冲破“大四迷雾”，走向光明美好的未来。

谈心谈话过程

辅导员：听说你最近情绪不太好，是遇到什么困难了吗？

小A：谢谢老师关心，以前总听学长学姐说什么“毕业即失业”，现在我进入大四毕业班了，看着周围同学都在为前途做各种各样的努力，我却不知道该朝哪个方向前进，心理压力大。

辅导员：老师乐意帮助你。目前你有什么初步打算吗？是准备继续深造，或者申请出国留学，还是想先就业，找个单位上班或者自主创业呢？

小A：其实我也没想好……好像都不抗拒吧。

辅导员：那我们来逐一分析分析吧。首先我们看，你符合保研条件吗？按照学校规定，咱们院每个专业大概有20%的保研名额，学分绩前50%的学生都有资格申请，你的学习成绩怎么样，符合条件吗？

小A：老师，我学分绩不够，申请不了保研。

辅导员：那你有考研的打算吗？

小A：也暂时不考虑吧，我听说考研挺难的，学长学姐考研上岸比例不高，所以我没有信心。而且我家庭条件不是很好，所以我希望本科毕业后尽快找工作赚钱。

辅导员：明白了，那出国也就不考虑了吧，因为出国的经济花销比较大。

小A：嗯，是的，不考虑出国，我还是准备就业吧。

辅导员：那你想找哪种类型的工作呢？

小A：这个嘛，我没啥想法，可能都想试试吧。

辅导员:广撒网,多捞鱼,倒是一种策略,不过相对来讲我觉得还是应该先锚定一个或者两个具体的方向,再在这个大方向的范围内,多做一些尝试,你觉得呢?毕竟距离毕业还有不到一年时间,你的时间和精力都是有限的。

小A:嗯,老师您说的有道理。我呢,总体来说想找个工资高点儿的工作,将来能负担自己的生活开销,甚至还有能力帮助爸爸妈妈养老。

辅导员:这样啊,那看来你在求职方面已经具备了一定的倾向性。

小A:是的,老师,我可能得考虑体制外的单位了,比如民营企业、合资企业。因为像公务员、事业单位等体制内的工作,薪酬有限制,可能达不到我对于薪资的期待。

辅导员:你的这些想法得到过家人的支持吗?

小A:爸妈不太支持,他们一直希望我端上旱涝保收的"铁饭碗",尤其最近几年经济形势受疫情冲击比较严重,他们觉得啥也比不上固定的工资收入。但我担心几千块的工资没办法帮我改变命运,毕竟将来买房、买车这些巨大的花销都只能靠我自己。

辅导员:那你对于企业有什么规划吗?想进哪种类型的企业?

小A:怎么说呢,一方面我想追求较高的薪资,另一方面也觉得父母说的工作的稳定性确实挺重要,所以一直比较矛盾。

辅导员:那我觉得你可以关注一下央企、国企,它们兼具企业盈利的性质,同时又因为单位规模大、背景雄厚,所以岗位相对来讲比较稳定。

小A:嗯,那我回去重点关注一下央企、国企。

辅导员:除了你和家庭的就业意愿,也就是"我想干什么"这个问题,你可能还需要考量另一个问题,那就是"我能干什么"。根据你的学历、专业知识等方面的技能,加上英语、计算机、新媒体等办公技能,再加上你的性格特质等软技能,综合判断。

小A:哦,我是本科学历,经管专业背景,英语六级和计算机二级证书都有,而且我之前担任学生干部时体现出一定的领导力和沟通协调能力,我觉得自己可以朝着企业的管理部门这个方向努努力。

辅导员：没错，项目运营部门、财务管理部门、投资规划部门、行政管理部门，其实可以列为你的关注重点。这些部门的工作，跟你专业背景的匹配度比较高，也更能发挥你的领袖才能。

小A：那我争取多投一些您列举的部门。而且我听说，好多企业都会招管理培训生，好像薪资待遇很高呢。

辅导员：对，现在很多企业会招管理培训生，它是以“培养企业未来领导者”为主要目标的特殊项目。企业把毕业生招进来后，安排到很多部门和岗位实习，了解、熟悉不同部门不同岗位的工作内容和岗位特征，轮岗实习期结束后为毕业生安排到最能发挥人才价值的岗位，帮助企业自主培养未来的中高层管理人员。这种储备人才，往往在招聘的时候，要求和标准会比较高，入职后接受的培养与考核多、晋升快、待遇高，是个非常棒的选择。

小A：谢谢老师鼓励，我现在该做哪些准备呢？

辅导员：你可以先给自己做一份简历，好的简历是找工作的敲门砖。

小A：那我去网上搜个模板，填一下吧。

辅导员：制作简历时尽可能地突出你的优势，比如担任学生干部经历、志愿服务经历、社会实践经历、实习经历、获奖荣誉、英语四六级水平、托福雅思成绩、计算机等级以及其他职业资质、文艺特长等。

小A：我回去后好好梳理总结一下，做好简历后请您帮我修改把关。

辅导员：没问题，欢迎随时来改简历。你可以多关注一些校园招聘平台，比如我校就业指导中心的官网、微信公众号以及大型招聘网站，上面每天发布很多企事业单位的招聘公告。另外还需要学习面试技巧，比如无领导小组面试、结构化面试，都有一定的范式和应对策略。我可以扮成面试官，帮你做模拟面试练习。

小A：太好啦，谢谢老师！我会努力准备的！

辅导员：别客气，欢迎你常来“就业加油站”聊天，这里还有很多职业规划的书籍和企业名录，可以帮助你开阔眼界，找准人生方向。只要多下功夫，一定不会“毕业即失业”的！

案例思考总结

这次谈话效果还是很显著的，能感觉到小A从“就业加油站”走出去的时候心中有了坚定的方向。难能可贵的是，这次谈话还帮小A制定了较为具体的行动方案，让“梦想”照进“现实”。其实，很多大学生把“毕业季”过成了“迷茫季”，慌慌张张，患得患失，小A只是其中一个缩影。

作为辅导员，在开展就业指导类型的谈心谈话时，第一步，应该加强学生就业观引导。只有以正确的就业观引导就业预期，才能科学把握就业方向和职业目标，为学生将来走上工作岗位后摆正工作态度、提升工作业绩打下坚实基础。第二步，应该帮助学生找准定位，实现主观条件与客观环境的适配。习近平总书记曾勉励广大毕业生，要保持平实之心，客观看待个人条件和社会需求，从实际出发选择职业和工作岗位。我们应该先帮助学生综合分析自身的职业兴趣、职业能力、性格特征，再帮助学生认识行业、职业、企业等外部环境，通过“知己知彼”做到主客观因素地完美匹配，让优秀的人才都能得到充分利用。第三步，应该强化学生求职技能方面的培训。通过开设就业指导课程、提供职业生涯咨询、开展模拟面试、修改简历等途径，帮助学生铸造“爱国爱群之公德，与服务社会之能力”，成长为符合国家战略发展需求的新时代人才。

接下来，我将在此次谈话的基础上，全方位开展社会实践、志愿服务、科技创新、顶岗实习、学科竞赛等工作，为学生打造一站式、菜单化发展平台，培养更多“公能”兼备的人才，让青春之花在祖国最需要的地方绽放，为中国式现代化贡献力量。

秋招期的迷茫与困惑

案例撰写人　张子扬

案例背景

小W,女,硕士毕业年级学生,因秋招时班级同学很多已拿到满意offer,而自己一无所获,感到迷茫与困惑,压力倍增,担心找不到工作。辅导员感到其状态不佳,相约在会议室谈心。该生衣着整洁,举止大方,语言表达流利,能清晰表述目前自己所处困境,渴望得到帮助和改变。

该生自述出生于农村多子女家庭,从小发奋读书,希望能从农村走出去,找个体面的工作,为家庭分担重任,为父母增光。考入南开大学攻读硕士后,发现周围同学都十分优秀,并且比自己还努力,遂感到竞争激烈,压力倍增。秋招期间,几次投简历、面试无果,与同班老乡交流较多,共同陷入自我怀疑中,甚至打算延期毕业专心备考公务员。

谈心谈话准备和思路

这次谈话地点选在学院专用谈心谈话会议室。本次谈话旨在了解学生近况，以期达到两个目的：一是让学生正确认识秋招压力，以良好的精神面貌投入专心复习和秋招中去；二是减少焦虑情绪在毕业年级群体中蔓延，让学生直面压力，正确看待秋招中的迷茫与困惑。

谈心谈话过程

辅导员：来小W，快坐吧！最近怎么样，新学期实习、秋招、毕业论文齐上阵，还适应吗？

小W：感谢老师关心！唉，我早就想找您聊聊，又不知如何说起。最近压力真的很大，我在想不行我就延毕吧，多一年慢慢准备。

辅导员：诶？小W，哪方面遇到困难了，离毕业还一学年呢，怎么都想着延毕了？

小W：老师，是秋招压力太大了。我们班好多同学都拿到offer了，都提前去岗前实习了，还有好多在复习公务员考试，感觉大家都复习得很好，有条不紊的。而我好不容易想明白自己要专心考公了，但又担心考不上，就也在投简历参加秋招，可是到现在一个offer也没拿到，备考也不踏实。感觉自己每天一事无成，在做无用功。唉，老师，我估计毕业也找不到工作了，我还是提前准备延毕吧！

小W说着红了眼眶，声音有些哽咽。

辅导员：小W，你知道吗，我认识你这一年多时间里，在我心里你一直都是一个踏实靠谱、乐观阳光、积极向上、乐于助人的学生，你学习成绩挺优秀，周围同学对你评价也很好。来，擦擦眼泪。我知道越是优秀的学生，别说旁人，光是自己就对自己要求很高，生怕和别人比差在哪里。所以现在进入新学期，面临新挑战，你感到焦虑、迷茫其实是很正常的一件事。

小W：老师，我根本没有您说的那么优秀。当时考研，我每天努力复习，充满干劲儿，后来考进南开大学，感觉自己那时候就是人生的高光时刻了。入学后，同学们都很优秀，各方面能力都很突出，感觉毫不费力就能面面俱到。而我，用尽全部力气，才能在成绩上不落后，我好像习惯于按部就班学习了，遇到各种事情交织在一起的时候，就不知道该怎么办了。

辅导员：小W，你能客观发现自己存在的不足、不沉迷于一时的成功，已经比其他同龄人优秀很多了。我知道，你现在可能觉得自己干啥啥不行，而别人好像一点儿都不费力就得到了自己满意的东西。但咱冷静下来想想，这可能吗？你要真像你自己说的，不够优秀，那你是怎么和你口中这些优秀的人做同学的呢？另外，在这个各种压力来袭的新学期，真的只有你自己孤军奋战吗，还是大家都很着急，但同时也很努力呢？

小W点了点头，沉默了一会儿。

小W：老师，被您这么一说，我好像心里有底儿一些了。您说得对，这个时期，怎么可能只有我自己受煎熬，我们大家其实都很焦虑。但有的人焦虑，并不影响他们努力。而我和我的老乡，我俩对自己不抱啥希望了，觉得自己好差劲儿啊。我觉得我还好，还愿意和老师同学说说这些事，说完心里就会好受一些。但过段时间又觉得好焦虑啊！

辅导员：小W，我觉得你现在比你刚进来时，状态好了一些。我知道你们现在时间都很宝贵，但工欲善其事必先利其器，咱先把自己心态、状态调整好了，再全心全意投入学习工作，一定能事半功倍！先说说让你们焦虑的事儿，可能是秋招、备考、课业、论文等，这些词说起来好像就让人喘不上气。但你知道怎么才能让自己不焦虑吗？那就是制定好计划，每天要完成哪些事情，都计划好。把一个大目标，分解成一个一个的小目标，完成一个划掉一个，专注于做事本身，压力就会转变成动力了。换句话说，你每天都是充实的，回到宿舍只想倒头就睡，可能就没有时间焦虑了。

小W重重地点了点头。

小W：老师，您说得对，我现在就好像陷入焦虑了，反倒什么都不做了。我今天回去，就制定计划，每天完成一个小目标！

辅导员:人往往就是这样,这很正常,大家都是这么过来的。谁先意识到需要调整状态,谁先把自己状态调整好,就已经胜利大半了。

小W:嗯嗯,老师,跟您聊天真好。可是我还是没想好,自己考公是不是对的,我能考上吗?我考不上怎么办啊.....

辅导员:小W,那我先问问你,你为什么要考公呢?是因为想用备考逃避秋招?还是家里要求?或是你自己喜欢?

小W:老师,说实话,刚开始决定考公,是因为好像周围同学都在考公,感觉自己还挺擅长考试,相比海投简历,复习好像更能让我静下心来。但现在好像错过了很多秋招的机会,我想投一些简历作为保底,但现在也毫无音讯。

辅导员:其实找工作就是大家进入社会前的一个选择。很多同学不知道自己喜欢什么、想要什么,似乎别人干什么自己就去干什么了,误以为这样是对的,其实不然。比如你想考公,那你就应该明确,为什么要考公。是为了安稳?为人民服务?还是什么别的原因?如果是为了安稳,那你们所谓"安稳"的工作还有很多,比如事业单位,各地的人才引进,央企、国企等,而不是局限于考公本身,甚至是考选调本身。如果是为人民服务,那你应该明确自己要去到哪里,是乡村、乡镇,还是省级单位或是国家部委。不同的岗位,考生不同,激烈程度不同,这些都是需要你自己去选择的。而你说的保底,其实就是广义的,除考公之外,你的最优选,而不是海投,应该是有针对性地、分行业地进行选择。比如,有的同学会把银行作为保底,因为银行笔试很多内容和考公很像,同时与我们的专业相通,机会也更多。所以你要先明确,你的"保底"行业是什么,岗位是什么。初次就业选择,确实十分重要,但肯定不是一成不变、一劳永逸的。步入社会后,还会有更多选择,也还是可以变化的。

小W:我明白了老师,是我想的太局限了。我回去还是先明确自己想干什么,适合干什么,然后赶紧专注事情本身!

辅导员:小W,我今天说的很多,你能理解我很开心。我相信以你的能力,一定可以很快捋顺,然后取得好结果的!

小W:谢谢老师,我会尽快调整好状态,您放心!

案例思考总结

本次谈话，我能明显感到小W状态的变化。从开始的不自信，到得到肯定后的欣喜，再到决心调整好状态、踏实做事。本次谈话效果还是比较好的，后面又和小W简单聊过几次，小W已经愈战愈勇、充满干劲儿，明确自己为什么要考公了。到毕业时，她圆满完成课业及论文，如愿去了地方选调。

本次谈话也对我有所启发，面对学生的焦虑情绪，应该多聆听、少说教，做学生的知心人、引路人，相信“相信”的力量。相信学生的能力，适时做出指引，放手让学生自己去摸索、去试错，学生才能更好地成长。

一起聊聊本科生的『慢就业』

案例撰写人　袁芳

案例背景

小Y是一名经管类学科大四的本科女生。高中时为文科生,高考成绩优异,在父母的主导下,为了"不浪费分数"报考了我校经济学科。然而小Y对经管类学科并不感兴趣,且因为数学相关的科目相较其他理科出身的同学,不具备优势,所以自我感觉被"卷"的难受。大三时,她选择了跨专业考研,因准备不够充分且竞争较为激烈而名落孙山。大四的春季学期,以准备"二战"为由没有参加就业推动会,辅导员约谈小Y,了解了她的思想动态和毕业规划。

谈心谈话准备和思路

在高校中，类似小Y同学这样以“二战”为由逃避求职压力的本科生比较多见。本次谈话一是帮助该生厘清“二战”是其坚定的目标，还是仅仅转移求职压力的借口；二是帮助学生梳理并树立好当下目标，并通过生涯教练法引导其行动起来，以行动促进积极心态的建立，从而探索建立更加清晰合理的目标，并具体实施。

谈心谈话过程

辅导员：来，小Y，坐这儿，前两天在食堂看到你一个人在吃饭，情绪挺低落的，是有什么事儿吗？

小Y（有些拘谨和紧张）：老师，我考研初试不理想，最近毕业论文压力也挺大的，下周就要交初稿了，我还没完成，有些焦虑。

辅导员：哦，论文框架出来了吗？还差多少内容？

小Y：框架基本有了，但后半部分该怎么跟进，我现在没有思路，感觉很憋闷。

辅导员：跟指导老师沟通了吗？

小Y：指导老师挺忙的，指导了我们好多的同学，而且上次老师也给我调整了一下方向，我还是没有特别理解老师的意思。

辅导员：那我能帮你什么吗？比如我请一位研究生的学姐帮你看看，给你一些方法和建议，你觉得怎么样？

小Y（情绪轻松了一些）：那太谢谢老师了！

辅导员：好，我帮你联系一下学姐。对了，你毕业去向怎么规划的？昨天的就业推动会我也没有看到你。

小Y（有点犹豫）：老师，我想“二战”了。

辅导员：哦，为什么想“二战”？这个想法是经过深思熟虑的吗？

小Y：老师，我身边的同学们基本都在准备“二战”，现在的社会，本科生不好找工作，而且我现在的简历一片空白，根本没有用人单位会要我。

辅导员:哦,从你的话中我听到了几层意思,一是你认为本科生现在求职很难,二是你担心自己找不到工作,所以你选择像其他同学一样“二战”,对吗?

小Y(小声):嗯,差不多。

辅导员:那咱们逐条分析一下,好吗?事实上,咱们学院每年约有20%的本科生毕业去向是求职,而且都找到了心仪的工作。咱们可以一起看一下近三年本科师兄师姐们的求职去向,好吗?(调出就业去向)是不是感觉就业市场并没有你想象的那么悲观?这里面有没有你心仪的单位或者岗位?我揣测一下,是不是现在让你感觉到困难的并不是客观的环境,而是你内心的某些想法?

小Y(拘谨的双手交叉):嗯,是的,老师。我觉得我自己没有能力找到师兄师姐的工作,我觉得我太弱了。大学这几年,学习也不好,实习经历也不多,也没有什么特长……我很焦虑,所以我想先考上研究生,在研究生期间再重新锻炼自己。

辅导员:嗯,可不可以这样说,你的焦虑源于不够自信?这段时间对你过去的成长经历来说,可能确实处于人生的“低谷期”。我想,不自信可能是因为你无法证实自己。高中时,你一定特别优秀,对吧?那个时候,你可以用成绩证明你自己。高考的时候,高考分数证明了自己,父母也为你感到骄傲。到了大学了,没有保上研究生,也没有做到一些学生组织的负责人或者有一份特别耀眼的实习经历让你证明你自己了。是不是一下感到很茫然?(此时的学生已经开始落泪)但是,小Y,你相不相信自己的学习能力?(学生犹豫了一下)我相信你的学习能力,不仅仅是你学习知识的能力。我记得你们班上组织的一次团日活动的新闻稿是你写的,对吗?写得很不错,当时我几乎没有改动,我想你当时一定到新闻网查阅了很多类似的稿件,尽心地学习。你们百项项目的汇报PPT也是你做的,对吧?我印象很深刻,思路非常清晰,而且重点突出。另外,你是一个做事非常负责任、执行力很强的人。你的班委同学和我都有同样的感觉,当一份工作交给你的时候,你会很认真地去完成。(此时的小Y眼睛里有了亮光)而学习能力和认真负责的态度,正是用人单位非常看中的两项品质。话说回来,为什么现在每年有那么多的硕博毕业生,还有很多的岗位是面向本科生的,你觉得为什么呢?很大程度是看中本科生的可塑性和年轻活力。

小Y:嗯。

辅导员:另一方面,关于“二战”,在做决定前,咱们也要把可能的困难想在前面。首先是时间因素,当前阶段你正在准备毕业论文,5月会忙于答辩,6月要办理各种毕业手续,还要参加一些毕业的仪式比如散伙饭啊、毕业照啊等等,忙着和这四年的青春告别。真正沉下心来,开始全身心地投入学习,大概要到7月了,这时距离“二战”考试最多还有6个月的准备时间,你以为的一年时间呢,可能只有半年。其次,在你“二战”的阶段,你的同学或已经能够自食其力,或享受校园的生活,而你还需要父母的经济支持,独自经历漫长的备考过程,背负强大的学习压力,你要有足够的心理支撑。最后,“二战”不代表百分百成功,相反,根据既往统计数据表明,过去几年“二战”的成功率也只有30%左右。如果失败了,你也失去了应届生求职的优势,这个失败的压力,你能否承担呢?当然,如果以上因素你都充分考虑清楚了,并愿意以及能够应对可能的情况,而后选择了“二战”,那么老师会支持你为自己的梦想去拼搏。相反,如果不是的,那么我还有个其他建议,不知道你是否愿意听一听?

小Y:老师,您说的这些,我之前没有考虑那么多,我想听听您的建议。

辅导员:嗯,那好,咱们先来聊聊,你能说出至少三个读书学习的目的吗?也就是说,我们努力读书学习是为了什么?统计数字表明,67.8%的同学读书学习是为了获得更好的工作,60.4%的同学是为了提升自己,44.2%的同学表达了是满足父母的期望,还有29.6%的同学表示能够找到更好的另一半(一起微笑),是吧,是不是大家的想法都挺一致的。说直白一点,无论读书到什么时候,到什么学历层次,大多数的我们都要经历求职,对吧?我近期参加了学院招聘专业教师的面试,前来应试的都是国内顶尖高校的博士或者博士后,你是不是觉得,他们瞬间都能碾压你?(微笑)其实并不是,反而他们的面试表现让评委老师们感到很失望也很费解,他们的学历够高吧,科研水平够优秀吧,但是面试场上的表现就像个“小白”,优势和能力完全没有展现出来,甚至不如一名本科生表现自如。当时一位评委老师说了这样一句话,这些优秀的博士们从来没有过求职的体验或者经历。我深以为然,你说呢?

小Y(点了点头,若有所思):嗯。

辅导员：说回到你的规划，我的建议是，目前马上进入春招的关键时期，未来约六周的时间，学校集中各种资源为毕业生们举办的各类型的双选会会很多，经过学校审核过资质的用人单位也会很集中地来到学校。何不把这六周的时间，用作对自己的“训练营”？咱们把写论文之外的时间、发呆的时间、空想的时间甚至是聚餐的时间用起来去体验，努力地找一份工作，在你还年轻的时候，还有选择的时候，勇敢地去体验。如果找到了让自己满意的工作，那么将会开启你新的人生阶段。哪怕最后没有找到你心仪的职位，那么我们有没有积累到求职的经验？是不是了解了不同类型招聘单位的用人标准？是不是未来再参加求职面试就会不那么胆怯？是不是备考“二战”的过程中，也能够更有毅力去面对繁重的学习任务和激烈的竞争？正所谓，“认识到生活的多面，才更热爱生活，这才是生活的强者”，对不？

小Y：老师，我忽然觉得我可以做的事情有很多。我想认真地思考一下您今天说的这些话。

辅导员：好的，回去好好想一想，也可以请周围的朋友或者家人给你一些建议。

小Y：嗯，谢谢老师，非常感谢您跟我说了那么多。

学生在第二天下午联系辅导员，决定接纳辅导员的建议，想去尝试一下，突破自己。辅导员与学生进行了第二次的谈话，用生涯教练技术，启发学生制定了自己能够接受并开始行动的计划，包括制作一份简历、准备一份自我介绍、找同学或辅导员进行模拟练习、找到生涯人物榜样做个简单的访谈、参加第一个双选会找到至少三家单位去交谈并投出简历。

案例思考总结

部分“不就业”或“慢就业”的本科生是源于对求职的畏惧和不自信，而消极的心态是学生“画地为牢”逃避压力的重要原因。谈话通过真诚地沟通，了解学生目前的困惑和帮助学生解决当下的困难，拉近与学生的心理距离。对学生过往的正向事件的聚焦和肯定，也就是积极的关注，可以帮助学生重拾信心。生涯教练技术或者认知行为疗法可以引导学生行动起来，以此促进积极心态的建立。最后，我们要充分相信学生具有改变自己的能力，这也是我们工作的基础。

勇敢试错 做自己未来的主人

——树立正确的就业观

案例撰写人 孙霄薇

案例背景

小Z,女,大二年级本科生,为人热情,较为外向,对待学习刻苦认真,自尊心较强。从小学起,该生成绩优异并一直担任班长职务,课余时间积极参与社会活动,曾在主持、演讲等多个领域获奖。进入大学后,该生自述对本专业认同感较强,受家庭影响确定自身未来发展目标是持续读书后留高校任教。但经过一年学习,该生成绩排名中游,开始否定和怀疑自己是否适合继续做研究。同时,该生发现身边同学除学习外还在学生组织、兴趣社团、社会实践、志愿服务等方面有所发展,自感差距越来越大,因而心态失衡,对未来发展感到迷茫无措。该生想明确努力方向,从而更好地调整自己的目标。澄清谈心谈话问题后,辅导员开始有针对性地制定与该生的谈心谈话思路。

谈心谈话准备和思路

首先，辅导员需要与学生建立相互信任的咨询关系，对于低年级本科生初入大学、学习方式转变差异大、网络信息多且复杂等情况，有针对性地引导，挖掘学生深层的自我认知。澄清学生目前阶段自身的问题与困惑、背后的具体原因等，提升其自我认同感。探索咨询的总目标，引导其树立积极正向的就业观。

其次，结合MBTI性格测试、霍兰德职业兴趣测试等工具进行学生自我探索。引导学生对自身的兴趣、技能、价值观、性格等方面进行探索，帮助学生重新审视自身更全面的综合情况，更好地进行自我认知分析，使其寻找到自己较为喜爱的职业方向。

最后，聚焦行动，引导学生根据SMART目标制定法，有针对性地进行短期目标和长期目标的制定，提高行动力。

谈心谈话过程

第一次咨询：建立咨询关系，了解学生困惑、现状、原因，澄清咨询目标和阶段。

辅导员：你好小Z，请坐。我看你说本来已经有了理想的职业目标，但经过一年的学习有些困惑了，不知道目标适不适合自己。可以和我说说吗？

小Z：对的老师，我觉得我之前想得太简单了，也受父母影响，因为自己学习好就想着先好好读书，之后努力读研读博，然后留校任教。但是经过一年的学习，我发现我虽然在学业上十分努力，但成绩只在中等，并没有达到我想象的年级第一的情况。而且现在网络的信息也多，学校的机会也多，我发现除了学习我还有很多感兴趣的事情，但是因为我原来一门心思学习就搁置了，我现在对未来很迷茫，不知道怎么去做，甚至不敢去做。

辅导员：好的小Z，我关注到你说因为选择多对未来感到迷茫，也有很多感兴趣的事情，那么这些事情都有尝试过吗？

小Z：没有的老师，我觉得大学的时间很宝贵，精力也很有限，我担心自己做无用功。就像我一方面觉得自己喜欢学习，但是每到期末开始写论文我就会感到头疼,而且结果也不满意,所以别的我也就不敢做尝试了,我觉得自己挺没用的,真的不知道该怎么办了。

辅导员:好的,我明白了,所以你说你不敢去做,是吗?

小Z:对的老师,我觉得做错的话成本太高了。

辅导员:嗯……我想和你探讨一个问题,你觉得行动和结果之间是什么关系呢?

小Z:肯定是先有行动再有结果啊,还有结果也能在一定程度上促进行动吧。

辅导员:非常好,所以每到毕业季总能在学校里听到这样的声音。想要保研但学分绩不高的同学说,当初要是努力听课就好了;选择考研但复习还不到位的同学说,早点开始复习就好了;选择就业但简历空白的同学说,大学的暑假不打游戏出去实习就好了……那你看是不是没有行动,就不会有结果。不要等来不及了才后悔,也不要因为害怕失败不去尝试,做了有可能错,但不做一定没有结果。学会在成本最低的学生阶段广撒网,多尝试,有没有可能就有惊喜呢?

小Z:老师您说的对,我不应该停下脚步。可是,我尝试研究学术却失败了,已经浪费了我一年,我现在又能怎么做呢?

辅导员:在我看来,只单单因为没有取得理想的成绩排名就说自己失败了是不合理的。未来的工作没有好坏之分,只有适不适合自己,我想我们要做的是让你更清楚地认识自己,选择你喜爱的方向,并尽快让自己行动起来,你说对吗?

小Z:对的老师,请您帮帮我。

辅导员:好的,我愿意尽我所能帮助你,目前已经确定了我们咨询的总目标。那么一周后我们做下一次咨询,我会利用一些生涯规划的知识和理论,结合工具模型帮助你进行自我内部世界探索,提升你的行动力,从而明晰理想职业方向和目标。你看可以吗?

小Z:好的老师,谢谢您。

第二次咨询:通过测试和工具,探索学生的性格、兴趣、价值观等内部世界,帮助学生了解自己优势,找寻人职匹配的职业目标。

辅导员:小Z你好,请坐。我关注到你的朋友圈,看到你这周做了不少的事,愿意和我分享一下吗?

小Z:好的老师,上次和您谈完,我就想到不要局限自己只一门心思学习,也参与一起其他的活动,于是我加入了学生宣讲团,还做了一个小学第二课堂的志愿服务,我觉得特别开心,原来我一直觉得我只是学习能力强,现在看好像我还挺喜欢这种社会活动。

辅导员:特别棒小Z,我这里有几个测验能帮助你更好地了解自己。在测试的过程中请你相信我,如实回答好吗?

小Z:好的,老师。

完成MBTI性格测试、价值观卡牌和兴趣卡牌、霍兰德职业兴趣测试。

根据测试结果并结合谈话,初步判定,小Z的性格特征是ENTP,擅长辩论,交际能力强;勇于尝试,有探索精神。价值观卡牌最终选择的是善良和成长。在家庭影响下,小Z认为人应当服务于社会,目光聚焦服务类职业,关注在服务社会中收获成长,提升自我价值认同感。霍兰德职业兴趣类型是SAB型,擅长人际交往、协调沟通能力强;具有团队协作、组织管理能力;极具服务热情、善于细心观察,与测试结果基本一致。

辅导员:刚刚,我们通过一系列测试和工具,帮助你进行深入的自我探索,是不是更了解自己了,那现在你是否产生了一些职业想法?目标是否发生了一些变化?

小Z:老师,我还是有很大感触的,就像刚才做兴趣岛游戏的时候,我一下子就想明白了,我不是一个研究型的人,耐不住寂寞。就像作为中文系的学生,我一般都是为了写论文,或者做某个研究而去图书馆读书,不能沉浸下来享受这个过程。所以我觉得大学教师的目标确实不太适合我。

辅导员:那现在在你看来,认为自己较为适合的社会型职业是什么呢?

小Z:老师,我觉得要做一个有用的人,服务社会,还是老师比较合适,或者是培训师。同时,我又很热爱自己的专业,或者我可以试试做高中语文教师,并承担一些班主任、团委等的工作,慢慢地做一些培训类的工作,比如和您一样成为一名辅导员,多方面发展。

辅导员:特别好,那么目前你大致已经有了自己的职业目标,在成为一名高中语文教师的基础上,发展和开拓培训类职业,比如成为一名生命教练,这样的吗?

小Z:对的老师,谢谢您,我已经找到我的方向了。

辅导员:好的,我们第一次咨询的时候说到要有行动才能有结果,那么现在老师为你介绍SMART目标制定法,尝试确定下一步的目标与行动。

小Z:好的,谢谢老师。

案例思考总结

在整个过程中,辅导员注重讲方法,为其发放生命线、生涯彩虹图等工具的使用方法,以做记录为主,让学生不断进行自主分析,确定最终目标与行动,提高行动力。

该案例是生涯规划类问题,学生作为新生,进入大学后接触到海量信息与多样选择,对于未来的迷茫表现出当下的焦虑,不了解自己,未来的目标也迷糊不清。辅导员做咨询时,要特别注意保持开放、尊重、真诚的态度,让学生产生信任,了解学生的困惑问题,尽可能多地收集信息,澄清确定学生具体诉求。该案例确定为刚进入大学的低年级本科生,对未来职业发展和自身方向迷茫产生焦虑,行动力缺乏的问题。辅导员要根据职业生涯规划的相关理论知识结合工具模型,引导学生明确生涯规划需要长期探索,确定谈话重点为引导其对自身内部世界进行探索,聚焦心态转变与行动力提升方面开展谈话。

一方面,辅导员通过生涯规划知识和心理咨询知识,引导其树立正确的就业观。案例中小Z因为成绩排名与预期有所差距,产生结果导向导致的行动力不足的情况。辅导员通过探讨行动与结果的关系来说明勇于尝试的重要性,达成"实践是检验真理的唯一标准"这一共同目标。另一方面,聚焦自我认知分析,通过大量职业测试让学生和自我对话,增强学生自我认知。在对话中,明确"成绩不理想"这一事件,是因为人职不匹配而导致的不成功,并非个人能力差距,使学生提升自信,自我赋能。最终,介绍SMART目标制定法,进行全面地重新审视和探索,让学生明确自己的职业规划,制定有效的长短期阶段性目标。引导其以发展的眼光看未来,在行动中对目标进行及时的评估和调整,正视自我、分析环境、综合考察,走好自己的人生之路。

心理健康教育与咨询工作

走出恋爱困境 树立正确恋爱观

案例撰写人 曹莲娜

案例背景

小A,女,G专业本科生,来自中部地区,性格内向,担任班干部,学习成绩非常优异,各方面表现突出。在入学后,和C同学成为情侣,但是相处过程中小A是初恋,一直觉得自己不够好配不上C同学,久而久之变得自卑和敏感,患得患失。有一天有同学告诉小A,C同学和另一个女生暧昧并有聊天截图,小A情绪崩溃和C同学分手。分手后小A每天以泪洗面,经常吃不下饭,出现了严重的失眠,上课经常走神,状态持续了半个月时间。

谈心谈话准备和思路

一、谈心谈话准备

在谈话前，了解学生家庭背景和学习生活情况，与学生班导师、班长、舍友了解学生最近的日常表现，和C同学侧面了解两人的相处状况。

二、谈心谈话思路

第一，充分了解学生情况，深入了解事件背后的深层次原因。

第二，安抚学生情绪，积极帮助学生提供处理方案。

第三，关注学生心理健康，提出有效的建议。

第四，和学生建立牢固的信任关系，长期帮助学生。

谈心谈话过程

辅导员：最近一段时间，你状态怎么样？

小A（崩溃大哭）：老师我很崩溃，分手半个月了，但我还是会一直很想他，每天吃不下饭，晚上躺在床上满脑子都是他，根本睡不着。上课如果看到他的朋友或者听到他的事，就会止不住流眼泪。我不知道自己这是怎么了，我控制不住自己。

辅导员：你想起他主要是因为觉得他背叛了你吗？还是会怀念他的好？

小A：我现在还是很恨他，我不明白为什么我们还在一起时，他就找其他的女生。我们在一起的时候可能就有苗头，他不希望我们在一起的事让别人知道，刚在一起的时候他就很少送我回宿舍，尤其是分手前这段时间他对我很冷漠，经常不回复我的消息，我感觉自己是不是哪儿做错了，配不上他，没想到……我实在是受不了了，但是我又很想他，如果我没有和他提分手，是不是我俩还能在一起，我不知道……

辅导员：感情的前提是互相尊重，不能逾越道德的底线，单方面的付出或者索取，都会让感情的天平失衡，不能在感情里过分地贬低自己。在发现他有错误的行为时，你可以及时止损，认识到这段关系已经逾越了你的底线，这是非常好的事情，不用再过分留恋。

小A:老师,道理我都明白,但是我还是控制不住自己,我有时候特别想在网上把他这件事曝光,让他也感受一下我的痛苦,我看见他现在每天都过得很开心,我就恨!我感觉我满脑子都是他,我控制不住地想,什么都做不了……

辅导员:我理解你的心情,你觉得自己明明是受害者,为什么他没有受到惩罚?但是如果通过网络曝光这个事情,把自己的私生活暴露在网络世界里是很危险的行为。网络环境非常的复杂,大家不一定会为你伸张正义,更多是当成茶余饭后的谈资,甚至可能会捕风捉影歪曲事实,对你们两个人都会造成不可估量的伤害。他的问题后续有机会老师会和他谈,让他认识到在感情关系里两个人需要对彼此忠诚,更好地处理两个人之间的关系。

小A:唉……我也知道发在网上没有什么好处,但是我还是很难过,道理我都很清楚,但是从大一我就和他在一起,我感觉他就是我的全部,我现在觉得自己很孤独,已经不会爱自己了……

辅导员:在上大学前,你也一直生活得很好,成绩也很优异,说明你有独立学习生活的能力,这一点要给自己自信。你现在还能回想起来上大学前让自己快乐的事情吗?或者高中有什么好朋友吗?

小A:当时就是努力学习,学习成绩好了就很开心,高中也有好朋友但是没有考到一个学校。我的爸爸妈妈也很爱我,从小对我就很包容也管得比较多,我很依赖他们,但是分手的事儿我没敢和他们说,怕他们觉得我不好……

辅导员:你看你还是有很多闪光点的,在竞争这么激烈的专业你的成绩还能名列前茅拿到奖学金,去年还获评了优秀学生干部,你的学习能力和工作能力都很强,要肯定自己,你已经很优秀了!高中的好朋友也可以继续保持联系,有需要可以和她倾诉,帮助你走出困境。父母和家庭是你最温暖的港湾,也是最强的后盾,他们对你的希望其实就是健康快乐,哪怕是分手了也会关心你、安慰你、开导你,你现在情绪状态不好,其实可以和父母倾诉一下,他们站在过来人的角度也会帮助你分析问题和化解情绪,帮助你更好地回到正常的学习生活中。

小A:确实,周末我想回趟家,我也想回去好好休息一下,远离一下学校的环境,我感觉校园的每一个角落都会让我想起和他的过往,我太依赖他了……我不能接受没有他的生活……我怎么变成这样了……

辅导员:好的,换换心情也可以帮你调整一下状态。分手了难过是很正常的,不用过分地苛责自己,要给自己一个时间段去慢慢调整,不要心急。但是要给自己一个时间期限,我们可以做一个约定,在未来的一个月时间里,答应我三件事。一是规律生活,按时吃饭,按时睡觉,如果晚上实在睡不着也闭眼休息,尽量放松自己的大脑,可以想一些让你放松的事情,比如小动物、美食等等;二是学着多关注自己,学会爱自己,要明白他不是你生活的全部,要学会习惯没有他的生活,可以培养一些兴趣爱好,要自尊、自信、自爱,才能更好地回归正常的状态;三是千万不要伤害自己,不要做危害自己和他人生命安全的事情,如果有需要可以预约学校学生心理指导中心的老师进行心理咨询,从专业的角度帮助你更好地走出困境,培养健康的恋爱观。

小A:老师您放心,我肯定不会想不开的,我努力调整调整吧……如果我实在是控制不住我再联系心理中心的老师,我不会真的有什么心理疾病吧……这样我更抬不起头了,他一定会更看不起我的……我就知道我配不上他……

辅导员:去心理咨询是很正常的事情,做咨询不代表着你一定有精神疾病,大家在学习生活中难免会遇到一些自己没有办法处理和调节的事情,但是不好的情绪持续时间太长,会对你的身心健康不利,所以可以通过心理咨询帮助你找到解决问题的办法,我们很多同学都会进行心理咨询,这不是什么羞耻的事情,求助才是强者的行为。当然心理咨询不是万能药方,不是说你去了一次马上就不想他了,马上就开心了,这是不现实的,而是通过咨询师的帮助让你树立健康的恋爱观念,帮助你更好地悦纳自己。

小A:好的,我明白了。老师,以后我心情不好可以来找您吗?和您聊一聊我还轻松了一点儿,但是我担心我回去又会很难过……

辅导员:当然可以,我们约好每天晚上9点微信和我说一下今天有没有按时吃饭还有心情状态,可以吗?每周的这个时间,咱俩还在这个谈话间,聊聊这一周有没有什么改变,可以吗?

小A:好的,谢谢老师!

辅导员:没关系,加油!好好吃饭,好好休息,好好爱自己!

小A:嗯嗯。

案例思考总结

此案例是大学生心理健康中的恋爱观教育问题,在日常工作中要注意对大学生的正确恋爱观教育,同时为学生提供更多切实有效的解决方案。

(一)非批判性共情陈述

在谈心谈话过程中,要充分倾听对方话题的焦点内容,及时总结性陈述对方的问题,并要结合实际情况开展共情,用客观语言描述发生的事情,避免出现主观定性评判。

(二)积极关注学生优势

通过谈心谈话发现学生优势,不管是哪种问题类型,学生身上一定有值得肯定的地方,要最大程度地放大学生的优势,让学生在心理上先得到肯定,缓解自身情绪。

(三)提供建议,保持信任关系

通过探讨的过程,让学生更清晰地了解自己的实际需求,给学生提供合理化的意见建议,做出合适的选择。结合谈话过程对学生进行鼓励,并且要为未来的工作建立信任关系,保持谈心谈话的连续性。

宿舍矛盾只能靠换宿舍解决吗?

案例撰写人 郝钰

案例背景

小W同学是一名大一年级本科生,在入学心理筛查中显示有一级心理问题,但自入学以来学习成绩优秀,未出现心理问题相关症状。军训结束后一个月,小W主动找到辅导员,表达自己希望换宿舍的想法,自述和舍友因作息不和导致睡眠不足,近期情绪十分低落。辅导员了解情况后,与该同学进行谈话,一是了解他与舍友作息不和的原因,二是关注其心理状态是否需要干预,三是引导学生积极看待宿舍关系并掌握宿舍关系中的沟通技巧。在这次谈话过程中,该同学与辅导员沟通效果良好,建立了相互信任的师生关系,配合心理干预保证稳定度过入学心理适应期;同时,通过坦诚沟通,该生对宿舍关系有了更为全面的认识,对处理宿舍矛盾掌握了更为具体的沟通技巧,在谈话结束后与舍友就矛盾点进行了协商,有效解决了宿舍矛盾。

谈心谈话准备和思路

这次谈话按学生要求，安排在只有学生与辅导员的房间，房间阳光充足，隐蔽性强，便于学生增强安全感、敞开心扉。这次谈话主要是了解该生与舍友发生矛盾的主要原因及解决方法，考虑到学生入学筛查一级心理问题，也需要评估其当时的心理状态是否需要进一步干预。谈心谈话拟达到三个目的：一是要让学生对大学宿舍生活有更全面的认识；二是要让学生主动解决宿舍生活中出现的问题，勇于面对宿舍矛盾，并熟练运用沟通技巧维系宿舍关系；三是要让学生在初入大学校园时有更加积极向上的心态，意识到如果有需要第一时间求助专业人员。

谈心谈话过程

小W：老师，我想找您聊聊，我最近遇到一些问题，办公室人太多，我能和您私下聊吗？

辅导员：好的，我们到旁边的房间。(关好门)好，小W请坐，说说最近遇到了什么问题？

小W：老师，我想换宿舍。

辅导员：换宿舍？能说说为什么吗？

小W很拘谨，挠头，不说话。

辅导员：那你说说想换到什么样的宿舍呢？

小W：我想换到一个“早睡”的宿舍去。

辅导员：你目前这个宿舍的同学们睡得比较晚吗？

小W：嗯，老师，我和您说实话吧，其实只有一个同学他的作息和我很不一样。每天晚上我习惯十点多就上床，我睡眠浅，总是睡不好觉，这个人他每天都要凌晨才回宿舍，进出的时候声音还很大，好不容易睡下了他居然还打呼噜，呼噜声音也太响了，我整夜整夜的睡不好，第二天一早还得上课，课上直犯困。老师，我对学分绩还是很在意的，他这样对我的学习生活影响太大了，我实在是受不了了！我每天都很痛苦，只能在本子上反复记下他对我的伤害！

辅导员：听起来你确实很困扰，睡不好觉第二天很难集中精神。除了上课犯困外，其他的方面受影响吗？

小W：还好吧……其实现在只有第一节课困，但到九点多就好了，后面的课不太受影响；其他方面按部就班，都还比较顺利，大学生活我觉得还是比较有趣的。但我觉得不能等所有的事情都不好了再去行动，我得及时止损呀，老师。

辅导员：你这样的“痛苦”持续多久了呢？

小W：大概一个月了，之前军训的时候大家作息一样，没有发现……

辅导员：那在这一个月里，你有没有和这位同学沟通过你的困扰？

小W：当然沟通了，我说过不止一遍了，我和所有的舍友都说了我要早睡，而且我睡眠很浅，希望他们即使是有事晚归也要动作轻点儿。

辅导员：那你和他沟通之后，他有变化吗？

小W：其实有一些变化的，他晚归的时间少了，动作也变轻了。

辅导员：也就是说，在你沟通后，这位同学针对你早睡的习惯也对自己的行为做出了调整，是吧？

小W：是的，老师，但他还是打呼噜，我真是受不了了，所以想问问能不能换个宿舍。

辅导员：那你有没有想过，新宿舍的同学可能不打呼噜，但他们有可能因为其他生活习惯，和你产生新的矛盾？

小W沉默了一会儿。

小W：老师，我其实私下去打听过了，现在我们这一层楼的宿舍没有一个适合我的，他们有的人晚睡，有的人打游戏，还有的人不爱干净……

辅导员：是的，我们的宿舍生活和在外面住酒店不同，想要各方面都称心如意是比较困难的。但这也是宿舍生活的一个好处，通过接触不同的人，锻炼我们与人交往、解决问题的能力。如果你觉得换宿舍也不能给予你一个完全舒适、100%满意的宿舍生活环境，你还有考虑什么其他的办法来解决现在的问题吗？

小W:嗯,其实我也不是很想换宿舍,因为这样同学们就知道我不合群了。老师,有没有可能让这位打呼噜的同学换到别的宿舍去?其实除了他打呼噜,我们宿舍挺和谐的。

辅导员:我们设身处地来想,如果打呼噜的同学是你,舍友与你沟通,建议你换个宿舍,以免因为打呼噜影响同学们,你如何想?

小W:我会觉得他们针对我,而且打呼噜又不是我能控制的!

小W忽然愣住,沉默。

辅导员:是呀,打呼噜并不是一个人主观可以控制的,这位同学无法控制,你也无法控制,那么对于一件我们都无法主观控制的事情,我们应该如何做呢?

小W沉默。

辅导员:如果一件事我们无法控制,那我们就应该把更多的时间精力集中在可控的事情上,比如是否可以戴耳塞降低打呼噜对你的影响?

小W:老师,我觉得您说的话很重要,我这段时间总在想,我睡不好、学习受影响都是这个同学导致的,都是他打呼噜导致的,现在我也发现自己的问题了,我总在纠结打呼噜这件不可控的事件,忽略了我也可以做一些什么来改善情况。我回去就下单买个耳塞……其实,老师,我和您讲实话,我妈妈有心理疾病,我查过这个病是有遗传性的……我这段时间很焦虑一直很担心自己这个状态,我总在问自己是不是得病了……

辅导员:小W,首先我要肯定你刚才提到自己可以做一些什么来改善现状,这说明你是一个很有勇气去面对挫折的人;其次,你提到的担心,我也很理解,但我们要意识到你我都不是医生,没有能力自我诊断,如果你觉得很担心,是不是考虑去和专业的心理医生见面沟通一下?

小W:老师您觉得我如果去看心理医生,是不是说明我是个神经病?我很担心别人对我有不一样的看法,影响我以后保研……

辅导员:当然不会,心理医生和其他的医生一样,我们不会因为一位同学感冒发烧及时去寻医问诊就觉得他得了绝症吧?更不会因为感冒发烧就不能保研吧?

小W不好意思地笑了。

小W:老师您说得对,我其实早就想去医院挂号了,但不敢去,担心别人对我有别的想法。我一会儿在手机上看看吧。

案例思考总结

这是我与新生小W同学的第一次谈话,从谈话后该生的行动上来看,本次谈话较为有效。这次谈话是学生主动开始的,我前期没有任何准备,对于此事件的发生没有了解,因此,在谈话中需要敏锐捕捉学生最关切的点是什么,才能通过宿舍矛盾这一表面事件达到引导学生成长成才的育人目标。

在谈话开始前,学生表现较为局促,不善言谈,对于我抛出的问题没有回应。此时,我换了一个提问角度,以此为契机打开了学生的“话匣子”。在与心理预警学生谈话时,我会首先关注到学生的心理状态,通过询问社会功能是否受损、情绪状态持续时间、程度等,确认本次谈心谈话暂时不需要心理干预的介入。之后的谈话过程中,我将主要精力集中于引导该生认识到是自己对舍友不合理的预期导致了宿舍矛盾,而非舍友行为本身,进而引导其树立积极正向的人际交往观。对于学生提到的心理问题就医,我及时给予肯定和鼓励,学生感到被理解,内心包袱有所减少,这有效助力我们之间建立了真诚、相互信任的师生关系。

我认为这次谈话基本上达到了预期的目标。未来我将继续关注这位同学的情况,并与家长、任课教师、舍友做好沟通,帮助学生在大学生活中更好地成长。

树立健康恋爱观 帮你摆脱『恋爱脑』

案例撰写人 宋燕 岳泽

案例背景

男生小L和女生小Y在学校相识后，确认了恋爱关系。小L是小Y的初恋，因此小Y对小L抱有很大的期待与依赖。但小L认为两人只是处于情感建立的阶段，对小Y所需要的依赖和情感感到有所负担，认为自己无需承担那么多的责任，因此他们相处不太顺利。小L觉得小Y经常对他无理取闹，而小Y则认为小L没有认真对待自己。两人总是吵吵闹闹，直到分手。

小Y很伤心，整个人受到了很大打击。分手之后，她就只在宿舍待着，不吃不喝，回忆两人过去的种种经历。开始她还按照课程安排上课，但后来每次看到之前和小L一起去过的教室就感到伤心，渐渐小Y也不去上课了，后来甚至找到辅导员表示想要退学。作为辅导员，应及时与失恋女生谈心谈话，了解具体情况帮其走出情绪低谷，逐步帮助学生建立正确的恋爱观。

谈心谈话准备和思路

小Y对恋爱关系并不十分清晰，经常陷入自己罗曼蒂克的假想之中。面对此种情况，首先要了解小Y对爱情的看法与理解。随后基于这种情况，告知小Y健康的恋爱观应该是如何对待爱情的，基于此为小Y提供健康恋爱关系的建议。待小Y的情绪与态度稳定后，如果有可能，邀请小Y与小L沟通，以消除隔阂。

征得小Y的同意，我们初步达成协议，进行一次谈心谈话。首先，要初步了解小Y分手的原因，以及她目前对恋爱的想法和态度。其次，在初步知悉小Y对于恋爱的看法之后，告知小Y健康的恋爱观应该是怎样的，随后再对小Y的疑惑以及好奇的问题进行解答，并对小Y后续的恋爱关系与行为提出建议。最后，当小Y的情绪较为稳定之后，邀请小Y与小L进行沟通，解决彼此之间的隔阂与误会。

谈心谈话过程

第一步：初次交谈，建立信任关系。

本着热情、真诚的态度，通过表达共情、积极关注，与小Y建立良好的咨访关系。收集小Y的相关资料，对其所面临的问题做初步了解，为下一阶段的干预打下良好基础。

辅导员：小Y，老师看到你的退学申请，感到非常疑惑，最近是遇到什么问题了吗？或许老师可以帮助你。

小Y：老师，没什么事情，我就是没有心情上课了。

辅导员：为什么会没有心情呢？是跟不上课程内容？还是和同学相处得不融洽？

小Y：老师，实话跟你说吧，其实是我失恋走不出来。每次上课经过我和前男友一起走过的教室，我就会不自觉地很伤心，脑袋里什么也学不进去。

辅导员：小Y，听到你的经历我非常难过，也非常遗憾没有在前段时间就与你联络，但现在也不迟。接下来，我们一起来解决你现在所经历的问题，可以吗？

小Y:好的,老师,但我现在可能没有什么心情,说话也可能没有什么逻辑,请您谅解。

辅导员:没事的小Y,老师能理解你的心情。你不要把这次沟通当成一个负担,我们就只是简单交谈与互动。老师相信你也很想走出现在的阴霾,所以让老师了解你现在的心理情况,并针对问题提出建议与解决方案,好吗?

小Y:好的,老师。其实我也不想一直被困在其中,我们开始吧。

第二步:了解原因,提出建议。

小Y不健康的恋爱观可能是自小耳濡目染形成的,因此要想解决小Y存在的问题,就需要从源头破解。

辅导员:小Y,你说你因为感情不顺所以想要退学,你能告诉老师你所经历的感情不顺是什么情况吗?或许我们换一个角度来看这段感情,说不定会有另一种感受。

小Y:老师,我原本以为我们会永远在一起。但谁能想到不知道出于什么原因,他突然和我提出分手。我无法接受,我认为我们相处得非常融洽,我走不出来。

辅导员:或许你可以仔细想一下,你们分手的原因会在哪呢?这种迹象是从什么时候开始的?

小Y:老师,我想了一下。可能就是因为他觉得我黏他黏得太紧。他总是在我找他的时候,表现出很不情愿的样子。(恍然大悟)原来他从一开始就不想和我一起,原来是我一直在勉强他,原来在这段感情中只有我是认真的。老师,我觉得我的人生好失败,我连这么简单的事情都看不懂。

辅导员:小Y,不要这么想,这段感情的结束只是证明你们两个是不合适的两个人。况且你的人生怎么会是失败的呢?你有爱你的父母、有关心你的朋友,你有着璀璨的未来。你认为的恋爱可能是书里或者电视剧那样“彼此黏在一起”的。但实际上一段健康的恋爱关系也需要给彼此留有空间,或许我们转换一下对爱情的理解,会有全新的感受。而且说不定,未来你会找到那个你和非常相配的另一半呢。

小Y:老师,你说得有道理,或许确实是我对感情的理解太局限了。那老师您说健康的恋爱应该是什么样的呢?

辅导员:老师认为健康的恋爱观应该是适度的依恋和带有个人空间的。首先健康的恋爱观要建立在相互尊重和平等的基础上,双方应该能够坦诚地交流感受、需求和期望,建立起彼此之间的信任和理解。但也要注意相处的度,双方需保持一定程度的独立,有自己的生活和兴趣爱好。健康的恋爱应该是能够推动个人成长和成熟的,它要允许彼此面对问题并从中学习,进而更好地发展自己的个性和人格。

小Y:那我大概了解了。

第三步:进一步沟通,消除恋爱误区。

辅导员:那小Y你关于恋爱还有什么问题吗?老师可以给你解答,帮助你走出关于恋爱的灰色漩涡。

小Y:老师,为什么我和他最初相识时相处得很好,但在变为情侣之后,他却开始嫌弃我了呢?

辅导员:小Y,我们不要理解为自己是被嫌弃的,这只是你们性格不合适的结果。要知道,我们每个人都是有自己社交面具的。你们在还没有密切接触之前,社交面具所展现的外在个体是彼此吸引的,所以你们有共同的话题与习惯。但当你们揭掉社交面具进一步交往后,发现了彼此的缺点、不足以及不合适的地方,那么你们就会产生隔阂与矛盾。这些情况都是正常的,不合适的两个人不要强硬地迁就彼此,我们要尊重对方的选择。

小Y:在恋爱中,我是希望彼此可以互相依赖的,但他所希望的另一半却是独立的,所以我们并不合适。这不是任何人的错,而是本身性格差异的结果。

辅导员:是的小Y,你能想清楚,老师很高兴。

小Y:谢谢老师,我觉得我没有那么难受了。

第四步:谈话总结,帮助学生恢复生活。

辅导员:小Y,这个时候你还想退学吗?或者你先尝试恢复到正常的学习生活中,试一段时间,比如一个月,怎么样?一个月后,你还想退学的话,再来办手续也不迟。毕竟考个大学也不是容易的事情,你现在是学生,要以学业为重。

小Y:好的,我不想退学了。

辅导员:小Y,或许你也可以再和小L谈一谈。爱情不在友情在,没有必要因为这次经历而老死不相往来。

小Y:好的老师,我考虑一下。

辅导员:那好小Y,咱们这次的沟通就告一段落。以后再遇到什么心理与生理问题,不要自己憋着,你可以直接来找我,或者你也可以去心理咨询室找老师咨询、倾诉。

小Y:谢谢老师,我知道了,我会的。

案例思考总结

大学生恋爱是非常普遍的现象,它是一种情感的需求,也是青春期的正常反应。这是大学生身心成熟的表现,可以帮助他们长大成人。很多学生会选在大学开始第一次恋爱,自然会遇到很多的问题和困难,比如如何平衡恋爱和学习的关系、恋爱中的两人关系如何相处等。所以帮助他们树立正确的恋爱观非常重要。案例中小Y在经历了失恋后,深陷痛苦无法自拔,究其原因是对于爱情的想法过于理想化。所以要帮助学生认清以下几点现实:一是琼瑶式的恋爱关系只存在于小说与影视剧中,现实中的爱情不需要海誓山盟的誓言与罗曼蒂克的故事,它需要成熟的两个人彼此支持与包容;二是无论是爱情还是友情,都应该是让你变得更好,而不是不断耗费你的精力,让你变得更糟糕;三是对的人永远会站在你的前途中。虽然恰当的爱情很难得,但自己的前途比爱情更重要。人需要在痛苦中坚强前行,与其抱着后悔遗憾停步,不如擦擦眼泪往前看。

懂得求助是变好的第一步

——一个转介成功的案例

案例撰写人　王若瑶

案例背景

小W，女，研究生一年级学生，因为情绪问题主动在学校心理健康咨询预约平台上预约辅导员进行心理辅导。

小W前来咨询时头发散乱，情绪低落。她刚刚落座，眼里就噙满泪水，诉说着自己的悲伤，她说自己怎么都开心不起来，认为人活着没有什么意义，不懂每天学习上课是为了什么。小W边哭边说，自己这样有一段时间了，总是忍不住想哭，不知道自己是怎么了，察觉到自己状态不佳，但不知道该怎么办。她觉得自己可能是有了心理问题，但又不敢相信自己刚刚通过激烈的竞争考研成功，进入了自己梦寐以求的大学，人生刚刚开启新的阶段，道路明明应该更加顺利，为何反而感到很无力，经常会自我怀疑。开学以来她晚上睡不好觉，白天会莫名哭泣，带着忐忑和犹豫，她尝试点开了学校心理健康中心的网站，预约了学校的心理咨询服务。

谈心谈话准备和思路

根据小W登记的基本信息,我对她的背景作简单了解,如性别、年龄、年级等。

根据事先了解到的情况,小W需要咨询的可能是不良情绪应对方面的问题,开始谈话前,我针对情绪问题的心理咨询技能和以往学习中的典型案例作简单回顾,可以帮助咨询方案更好地形成。

小W作为研究生一年级刚入学的新生,可能存在适应问题,可以基于她生活中近期发生的事情,思考她不良状态的触发事件。触发事件往往能成为咨询进程深入开展的一个关键线索,辅导员通过这个关键线索可以帮助更快更好地打开学生的心门。在咨询关系良好建立的前提下,找到适合的谈话切入口,可以帮助学生更快卸下防御,使得谈话更加深入。

根据小W自述的症状,她可能存在抑郁倾向,基于这一判断,辅导员需要先对她的情况进行评估。如果小W的问题属于心理辅导员能够处理的范畴,首先需要针对她的问题制定咨询目标和咨询方案,在咨询方案的实施过程中根据咨询进程中的具体情况不断调整优化。如果小W的症状相对较为严重,已经超过了心理辅导员的处理范畴,那么寻求更加专业的医院心理科或精神科支持对她而言是更加合适的选择。这时,辅导员就需要在学生同意的前提下,将其转介给合适的治疗师或医生。但在实际工作中,不少学生对于就医存在天然恐惧或一定程度的误解,否认自己需要医疗资源的帮助是他们常见的反映。学生会担心服药治疗对自身是否产生副作用,也会担心如果住院治疗对自身的发展是否会造成影响。那么,这时如何恰当地劝导学生前去就医,就成了问题的关键。

谈心谈话过程

辅导员:小W,你好!请坐。咱们的咨询是尊重隐私的,只有危及你自身或他人生命安全或触犯法律的情况发生才会打破保密原则。请问我有什么可以帮到你的吗?

小W:您好,我最近感觉不太好,情绪一直很低落,总是没有缘由地想哭。

辅导员:最近是发生了什么事情吗?

小W:最近也没发生什么特别的事。刚开学一段时间,我从一所很普通的学校考研来到我们学校,这个结果对我来说是特别满意的,但我却感受不到满足,我从考完研以后状态就一直不是很好,开学以后更是觉得一切努力都没有什么意义。我以往为目标付出的努力现在看来都不知道是为什么,现在的我一点也不开心,上课也听不进去,总是胡思乱想。

辅导员:胡思乱想?都想什么呢?

小W:上课的时候就在想学这些东西有什么用,但是我又是个要强的人,不想被别人看不起,担心不听课跟不上课程进度,经常上课上着上着就为这些事感到纠结,更学不下去了。我感到很自卑,周围很多本校升学的同学专业基础很扎实,但我是靠背书考研进来的,对科研可以说是一无所知,也不敢在课上分享自己的看法,怕老师同学看出我的无知。我觉得自己好没用,像个废物。我经常会想"像我这样差劲儿的人活着有什么意思"。自己一个人的时候也经常会想一些关于"生命"的问题,比如说生命的意义是什么?我的存在是为了什么?但我没有答案,觉得人没必要活着,仿佛陷入了一种虚无。

辅导员:人活着,很多时候不仅是为了自己,还为了你在乎和在乎你的人。你有在乎的人吗?可以和我讲讲吗?

小W;我知道我的父母在乎我,我也不是不在乎他们。但我和他们的关系不算好,我一直很独立,并不是很依赖他们。他们没有什么文化,也不能理解我,只会叫我好好学习。我告诉他们我很难过,他们只会叫我多锻炼身体、多交朋友。有时我也会想如果我不在了,他们会怎么样。他们肯定很伤心,但我想如果我死了应该很快会被忘记吧。毕竟我还有一个妹妹,他们可以把希望寄托在她身上。

辅导员:但我想不见得是这样。你和妹妹肯定是不一样的,我想她应该也无法代替你在父母心中的位置吧。她也像你这么优秀,考上研究生了吗?

小W:没有,她学习不好,从小就被家里惯坏了。爸妈对她总是很纵容,而对我又很严格。我也能理解,毕竟我是姐姐。但凭什么呢?

小W说着说着就哭了。

辅导员:谈到家里你似乎很难过?

小W:不仅是家里,宿舍里其他人好像总是针对我,师门里的人际关系也很复杂,我自己学业也很糟糕。太多的事都让我很难过,有时难过得恨不得死掉。

辅导员:你是说难过的感受特别强烈,让你感到特别痛苦吗?

小W:是!我最近总是没有由来地感到难过,难过到似乎死了才能解脱。我刚考上研,但开学以后我突然觉得之前的努力都没有意义,考上名校并不能让我快乐。

辅导员:那你有过关于结束自己的想法或行为吗?

小W:最近有时会想死了算了,活着也没啥意思。但又不敢真的自杀,死亡很痛苦,也挺不负责的。我真的很难受,死可能是一种解脱。

辅导员:你有想过用什么方式结束生命吗?

小W:这倒没想过,可能也不敢真的去做什么。我就是每天都很悲伤,每天都想哭,尤其是中午的时候。昨天走在去上课的路上,明明什么都没发生,但走着走着我就忍不住开始哭了。有些丢人,但眼泪就是止不住。

辅导员:这种情况持续多久了?

小W:从年初考完研开始,我就觉得自己状态不是很好了。其间发生一些事,比如考研结果公布,我上榜了,还有一个不错的男孩子向我表白,但我仿佛感觉不到开心了,对一切觉得很麻木。开学这两个月我开始变得很敏感爱哭,胡思乱想,上周几乎每天都哭了,我想我是抑郁了,决定来这里聊聊。

辅导员:从你的讲述中,我看到了一个敏锐、聪明、勇敢的女孩子。你今天愿意来到这里坦诚地和我聊这些,我认为你很有勇气,你能面对问题,还在想法子解决问题,很多人都做不到这一点,我真心觉得你挺棒的。

小W:谢谢您。但我不觉得我有这么好。

辅导员:有可能是因为抑郁的心情让你在看自己和周围的事情时蒙上了灰色。

小W:可能是吧,那我该怎么办呢。

辅导员:你今天能来咨询就已经迈出了很大的一步,你目前的状态似乎很糟糕,你能感受到吗?

小W:确实,我是挺痛苦的。

辅导员:心理咨询能在一定程度上帮你缓解问题,但我给你提供的帮助效果可能是有限的,你愿意接受更多的帮助吗?

小W(有些疑惑):什么帮助?

辅导员:根据你的描述,我推测你可能有抑郁的倾向,但需要结合更专业的诊断才能知道。去心理门诊看看医生,或许能更好地帮助你尽快恢复。

小W:去看医生? 我有这么严重吗?

辅导员:或许没有那么严重,或许可能已经很严重了,医生能为你提供更加专业的诊断,也能帮你更好地了解自己的情况。

小W:我不想看医生。我觉得自己还没这么严重,您不能帮助我吗? 或者我再忍忍也许就变好了呢。

辅导员:我很愿意帮助你,心理咨询不是说完全不能帮助你,但恢复起来会比较慢,也不能保证一定就能有效果。过去的几个月,你一定已经承受了很多,自己一直扛着,忍下了那么多悲伤和痛苦,这滋味我能理解,肯定不好受,甚至是很艰难的。

小W的表情有些触动。

辅导员:这种痛苦并非不能解决。咨询能帮你缓解一部分问题,比如有些痛苦的来源是现实导向的,我们通过调整对事物的认知就能影响我们的情绪和感受。但有些情绪可能是病理因素导致的,针对这部分问题,单靠心理咨询比较难以起到很快很好的作用,而医生的对症治疗通常来讲更能有起色。这么说,你能理解吗?

小W:能,那医生会怎么治疗? 会给我开药吗?

辅导员:药物治疗是一种重要的治疗手段,通常会结合着心理治疗或心理咨询一起。

小W:我接受不了吃药,我听说吃药会有很大副作用,我更不想让周围人知道我在吃药。

辅导员:事情都有轻重缓急,你今天选择来咨询想必是特别希望能缓解目前这种痛苦,今天的咨询是一种问题解决的尝试,去看医生也是一种问题解决的尝试,为什么不再往前走一步看看呢? 药物都是经过临床试验的,不见得是你想的那样。

如果你不想让周围人知道,可以考虑把药分装在小盒子里。

小W:我去看病会不会留下什么记录啊?万一让老师同学知道了,他们会怎么看我?

辅导员:咱们的咨询是遵循保密协议的,医院也会保护病人隐私。心理问题拖不得,现在不解决万一以后越来越严重,治疗难度也会更大,所花费是时间精力都会增加。

小W:我现在课业压力也挺大的,去医院好麻烦啊。

辅导员:你现在刚入学,还在探索阶段,耽误的时间后面也能补回来,如果拖到明年,那时的你面临毕业、就业等很多事情,所面临的现实压力更大,更需要你有一个良好的状态去应对。咱们不如趁现在就一鼓作气把问题解决好,也能把对你的影响降到最小。

小W:您说得对,我似乎没那么抗拒去医院了。

辅导员:那如果把你的情况介绍给医生,让他继续帮助你解决问题,可以吗?

小W:可以的。谢谢您。

案例思考总结

小W前往心理门诊就医后,被诊断为中度抑郁。她积极配合治疗,经过半年的努力,症状得到缓解,状态明显好转。回顾整个咨询过程,可以得到一定的启示。首先,通过温和包容的态度、真诚积极的关注,和学生建立起友好信任的关系,这是打开学生心扉的开始。其次,有效沟通的建立可以遵循“求同存异”原则,在本案例中辅导员和学生的共同立场是“希望学生能解决目前面临的心理问题”,明确共同目标后就可以依托这个目标去开展工作。最后,我们需要站在学生的角度看待问题,把关注点放在他最关心的问题上,做到真正的“共情理解”,才能找到谈话的关键。

拒绝过度联想 正视心理问题

案例撰写人 吴亚坤

案例背景

小C，男，二年级本科生，没有恋爱经验。自入学以来，小C曾先后对三位同学院女生产生好感，但均未得到回应，感情接连受挫。其中一名女生因感到被骚扰而主动求助辅导员，辅导员及时与小C谈话，了解事实情况，并劝导小C尊重女生，以正确的观念看待恋爱本身，小C应允感情的事会顺其自然。

然而在上述情况发生一年内，小C开始出现过度联想、疑神疑鬼的情况，认定手机定向推送某些内容是因为有人在恶意监听他的手机，已严重影响自身日常学习生活，于是有休学意向。辅导员多次与该生和家长谈心谈话，引导学生正视并积极治疗心理问题。小C在家长陪同下前往医院进行检查，并确诊重度抑郁症和轻度强迫症。在休学前夕，辅导员再次与小C及其家长进行谈心谈话，帮助其打开心结以便安心治疗。

谈心谈话准备和思路

小C的情况较为复杂,涉及恋爱观引导和心理问题等;时间跨度较大,历时近一年;牵扯人数也较多,在本次谈心谈话中,该生希望能够与曾有好感的三名女生分别进行交流以解开自己的困惑。

在谈心谈话开始前,辅导员首先与三名女生提前沟通,最终三名女生均愿意配合与该生进行交流。然后与该生父母沟通了解学生近况,并指出该生出现问题的根源在于心理疾病,希望家长可以正视并积极治疗心理问题。与学生本人的谈话思路如下:

第一,梳理学生与三位女生的交流过程,解开其在感情方面的困惑;

第二,解释监听手机并定向推送的问题,引导其正视心理问题。

谈心谈话过程

第一步:梳理学生与三位女生的交流过程,解开该生在感情方面的困惑。

辅导员:小C你好,之前其实咱们已经沟通过好多次了,关于你与几位女生之间的接触细节,尤其是你存在困惑的地方,我已经和几位女生进行了充分沟通,掌握了基本情况,也受她们所托,曾针对你的问题进行了回应。但是最近了解到,你还是强烈希望和她们直接交流一次。首先,我很欣慰你对我的信任,选择求助我来从中调和。其次,也希望你能设身处地从几位女生的角度考虑,理解她们同意这次交流做出了多大的心理建设。你们都是我的学生,我不希望为了解决你的问题而伤害到她们,也不希望为了保护她们而对你不管不顾,所以在保护双方的基础上,我希望你能答应我两个条件。一是与三位女生的交流仅此一次,想问的都趁这次机会问了,不会再有下一次无论任何形式的与女生的交流了;二是不纠结女生的回答,无论听到怎样的答案,感情上的事咱们都要翻篇。你如果能答应我这两个条件,咱们现在就开始挨个给她们打电话。

小C:这两个条件我都答应,就和她们交流这一次,不管回答如何,我都接受。

之前我想和她们聊一聊,她们都不愿意理我,虽然您替她们给我解释过,但我还是想亲口听她们解释,这样我之后就不纠结感情上的事了。

辅导员开始依次给三位女生打电话。在辅导员和小C家长在场的情况下,小C与三位女生分别进行了交流,女生们一一回应了小C提出的问题。

辅导员:刚刚咱们已经和三个女生打完电话了,我看你准备的问题都问完了,现在亲耳听到解释是不是接受程度高一点儿。

小C:嗯,谢谢老师,其实答案我基本也想得到,但就是想听她们亲口说一遍,不然我总是发散、联想,不断暗示自己事实不一定就是您之前说的那样。

辅导员:对,你这次总结得挺好,能够想通自己是在联想和暗示了。你之前对女生们造成困扰的根源就在于,当她们都告知你已有男友、不再回复消息甚至拉黑等明确拒绝你的情况下,你还在说一些让她们觉得莫名其妙的话。咱们再明确一下,三位女生和你没有深入交往的意愿,所说所做也不是在暗示喜欢你,这个事实你现在能认可吗?

小C:听她们说完,我现在能接受了,我之前就是控制不住地去想,想不出答案的时候就想听她们解释一下,忍不住会发消息给她们,没想到给她们造成了这么大的困扰,我会好好和她们道歉的。

辅导员:我来帮你转达歉意就可以了,既然这一次聊开了,你也要遵守承诺,之后不要再通过任何方式联系她们了。

小C:好的老师,我答应您,以后不再联系她们,也努力不想这些事。

辅导员:关于恋爱,还想嘱咐你一下,不要觉得上大学前一直单身,上了大学就得谈一次恋爱,恋爱需要水到渠成,是在双方同意、互相尊重的前提下开展的。而且现在这个时代,大家都敢于表达爱或者不爱,言行也基本一致,所以当女生拒绝的时候,那就是明确的拒绝,就不要再过多纠缠了。

小C:好的老师,我以后会多注意的,不着急谈恋爱,把心思放在学习上,感情的事就顺其自然。

第二步:解释监听手机并定向推送的问题,引导其正视心理问题。

辅导员:说完了感情的事,咱们再来说一下监听的问题。手机被人植入木马,

24小时监听并且定向推送某些内容,技术上几乎是不可能实现的操作。从目的来说,这是件损人不利己的事,也不会有人愿意干。之前建议你去做一下手机检测,结果怎么样啊?

小C:我爸带我去售后做了手机检测,服务人员说没有检测到监听软件。我爸也找了计算机领域的专家打听这事有没有可能,专家说几乎没可能也没必要。

辅导员:是吧,技术人员都说手机没被监控了,你刚刚也直接问了你怀疑的那几位女生,她们都不知情,现在是不是可以放心了?

小C:可是我的手机就是经常给我推送一些和现实情况很相关的内容,像b站和抖音,很精准地推荐,好像我想啥软件都知道。如果不是有人恶意监听的话,那这些软件就太可怕了。

辅导员:大数据时代,这种事情司空见惯,我问过身边的人,他们都多少出现过类似的情况,可能你的手机精准化推荐程度高一些。如果很烦恼的话,建议卸载软件重装,或者干脆换个新手机,父母也说了可以支持。另外,我觉得这事还有你的心理因素在作祟,在经过那几个女生的事之后,你就有疑神疑鬼、过度联想的情况,看到什么都会关联到自己身上,老觉得有人对自己不利。你已经在安定医院确诊了重度抑郁症和轻度强迫症,你严重的过度联想行为其实是这些心理问题导致的,我希望你和你的家长能充分认识到,好好治疗心理问题,减轻心理压力,你的情况才会逐渐好转。

小C:确诊之后,医生开了药,吃药的时候,我的脑子就清楚一些,就能尽量控制住不疑神疑鬼的。后来药吃完了,没及时续上,就又开始胡思乱想了。

辅导员:听你这么说的话,医生开的药还是很有用的,坚持遵医嘱好好治疗,你的情况就会越来越好的。我就希望你能正视你这个心理问题,既不轻视也不恐慌。你现在已经是重度抑郁了,必须要引起重视,正好你自己也有休学的想法,就先休息一段时间,专心治疗,没有学业压力的情况下,治疗效果会更好。同时呢,不要因为有抑郁症就看低自己,也不要在乎他人的看法,自己把病治好是最重要的。

小C:老师,说到休学,我其实还在纠结要不要休学,休学多长时间以及复学到哪个年级。不休学没法好好治疗,休学又担心影响学业,您有什么建议吗?

辅导员:根据你现在的情况,我个人还是比较建议休学的,受这些事的影响,你这个学期没能全身心投入学习,离期末考试还有一个月,学业压力和考试压力叠加不利于你状态的恢复。还有,你和那几位女生同年级,专业也相近,难免见面,可以暂时换个环境避免见面。最主要的是,回家休养、出去旅旅游来适当放松更利于你心理问题的治疗。休学时间和复学年级,稍后咱们可以和教务老师一起,结合你的学习情况来商量,你看可以吗?

小C:好的,谢谢老师的建议,也谢谢您能给我和几位女生交流的机会,我的心结算是解开了,之后我就好好治病,争取早日回到学校。

案例思考总结

小C同学是一个执拗但单纯的学生,被父母保护的人生遇到了感情上的挫折,让他在自己受到伤害的情况下同时伤害了他人。辅导员与小C的谈话次数很多,时间跨度也很长,每一次都在认真倾听他的近况和疑惑,并给出合理的建议,最终引导他发现自己存在心理问题。小C能够快速接受心理疾病的确诊,愿意进行治疗,及时提出自己的困惑、诉求并主动寻求帮助,这些都体现出该生想积极配合的决心。在该生申请休学前的最后一次谈话里,辅导员克服困难,为他争取到与女生们的交流以及父母的支持,对小C状态地好转有很大的帮助。

『我社恐了』

案例撰写人　袁婧

案例背景

小 H，女，硕士一年级的学生，因人际交往问题主动寻求帮助。该生衣着整洁、举止得体、思路清晰，语言表达流利。

该生自述，来自北方，家庭生活条件优越，是独生女，父母很宠爱，但也不是那种骄横不讲理的人。与宿舍来自天南海北的同学性格、文化背景都不一样，沟通起来很困难。由于理念不一样，与导师的关系也不好，不适应研究生的生活，感觉很困惑。

谈心谈话准备和思路

小H对于自己的困惑点很清晰，也希望通过努力去寻求改变，因此在征得其同意后，商定共进行三次谈心谈话，每周一次。

首先，通过采取恰当的提问方式、鼓励与重复对方的语句、针对某个问题进行说明等行为，用心倾听小H的困扰，让其发泄自己的负面情绪。待该生平静后，对其进行支持与鼓励，让她感受到来自外界的同理心，感受有人在帮助她共同应对困境。并且对其进行正面鼓励，引导小H对自身感受作进一步的思考，主动尝试改善与舍友的人际关系。

其次，针对和导师的问题与小H进行了分析，用启发式的提问改变其不合理的认知，引导小H改善处事态度。并且尝试通过与同门师兄师姐进行沟通，来了解导师的处事风格。

最后，继续鼓励小H要学会体察别人的情绪，试着从别人的角度考虑问题。努力改变外在环境，体会人际关系发生的微妙变化。

谈心谈话过程

第一次：接纳情绪，建立信任。

辅导员：来，小H请坐吧。首先感谢你的信任，你能够正视自己的困惑，主动寻求帮助，老师要对你表示肯定。那么接下来，我们一起来聊一聊看看怎么来解决问题好不好？

小H：好的，老师，那我先说说我的情况吧。

辅导员：好的。

小H：我从小生活在一个幸福的家庭，父母都很和睦，对我也很宠爱，我和很多同龄人一样，都是独生女。所以爸妈把我像珍珠一样捧在手心。但是他们也都是知识分子，也会教我做人的道理，他们以身作则，并且经常告诉我做人要真诚、善良。所以我不但不是一个蛮不讲理的孩子，而且还是一个很有爱心，要求上进的人。

辅导员眼神关注,认真倾听。

小H:无论是小学、中学,还是高中,甚至大学,我的学习成绩都是名列前茅的。我也经常想和别人交朋友,但是我的性格过于直率,不知怎么就得罪人了,总是交不到知心的朋友。

辅导员:也就是说你有主动和别人交往的意识,但是往往结果是没有交到朋友,是这样吗?

小H:是的老师,现在到了研究生阶段就更不同了。

辅导员:哪里发生变化了呢?

小H:我开始住宿舍了。大学期间因为是在本市读的,所以我就天天回家,避免过集体生活,因为我害怕处理不好人际关系。但是现在爸妈教育我要学着长大,试着和不同的人交往,而且每天科研压力很大,所以我申请了宿舍,和来自天南海北的人住在了一个屋檐下。我知道会困难重重,但是没想到暴风雨会这么快就到来。

辅导员:能说说发生什么事了吗?

小H:我们宿舍一共住了四个人,两个来自北方,两个来自南方。大家生活习惯都不一样,但是其他三个人已经经历过大学集体宿舍的锻炼了,所以只有我觉得不适应。

辅导员:主要是哪里不适应呢?

小H:比如说南方同学中午要睡午觉,晚上却睡得很晚。而我中午喜欢听听音乐看看电影,晚上喜欢按时睡觉。为了维护良好的人际关系,我不好意思说,只好忍着。所以一周下来我的生物钟就紊乱了,白天没精神,学习效率也下降了。

辅导员:休息不好的话整个人状态就不好了呢。

小H:是啊,而且作为北方人的我,说话总是直来直去的,眼里揉不得沙子,有个南方的同学总是把宿舍搞得很脏,提醒之后还是不行,这我就受不了了。加之自己一直因缺觉而情绪暴躁,我就暴风骤雨式地发飙了,把入学来的种种一一列举出来。我本以为她们会过来跟我吵,也以为北方的同学会站在我这边,可是结果却让我很意外,南方的两个同学没有大喊大叫,只是都不理我,而北方的同学则劝我,说要我平静,不要意气用事。我觉得很委屈,一气之下搬到了家里住。没想到我的人际交往尝试就以这样的失败而告终。

辅导员:那你现在一定难过极了。

小H:嗯嗯,雪上加霜的是,还有更让人难受的。作为研究生,最重要的就是要和导师进行学习。可是,理工科导师会有很多科研项目要开展,研究生作为团队成员都要参与其中。我的导师有六个在校的研究生,每个人都有不同的任务,大家都是从早忙到晚,还是感觉永远也做不完。为了开阔眼界,今后更好地发展,我想申请学校的项目出国一年进修。可是我的导师不仅不为我推荐,还明确地指出不希望我现在出去。我很不解,为什么现在不适合,那什么时候才能适合呢?

辅导员:我特别能理解你现在的感受,和宿舍同学闹得不愉快,在实验室每天进行科研还看不到未来发展的方向,既困惑,又迷茫,还很无助,不知道该如何与人相处了。

小H(沉默片刻,陷入情绪低谷):老师,我是不是特别不好啊,和宿舍同学与导师都相处不好,可是我也没觉得我有错啊。

辅导员:小H,你为人真诚,善良,有上进心,这些都是你的优点呢,不要因为和同学发生了冲突就否定自己啊。其实人与人相处因为性格、成长的环境等不同难免会有冲突,这都是正常的。但是发生了人际冲突呢,也要及时地处理,包括要接纳冲突的事实、处理双方的情绪、进一步了解对方、沟通谈判以求同存异。

小H:老师我已经搬出来住了,还要我怎样忍让呢?

辅导员:这也正是老师要和你聊的,发生冲突后过度忍让也是不正确的,应该开诚布公地和同学去沟通,达成共识。当然,也要注意人际交往的一般性原则,即真诚、信任、克制、自信与热情。

小H:所以老师我应该怎样做呢?

辅导员:这样,老师给你留一份作业,就是回到宿舍,先跟同学道个歉,毕竟你的态度确实有不妥的地方,然后试着与宿舍同学开诚布公地谈一次,共同探讨睡眠、卫生等问题,争取建立宿舍公约。

小H:嗯,这个可能有点儿难,不过我会去尝试,确实搬出来前那次语言冲突很激烈，说话也不好听。她们要是不理我怎么办啊？

辅导员：还记得老师刚才说的人际交往原则吗？真诚是第一位的，同时要彼此信任。

小H：好的老师，我试一下。谢谢您！

第二次：改变认知，尝试沟通。

辅导员：这一周感觉怎么样？看上去好像没有那么不开心了呢。

小H：是呢老师，您的作业我完成了。

辅导员：看来同学没有拒绝你呢。

小H：是啊，我鼓起勇气与宿舍同学联系，避免过于正式，大家觉得尴尬，我请大家吃了个饭。

辅导员：在舒缓的氛围中边吃饭边聊天，这样交流的效果应该不错呢。

小H：是啊，我跟大家道了歉，大家也都很理解，也说了自己有不对的地方，气氛很融洽。

辅导员：你的真诚同学们都能感受得到，主动去沟通是不是没有想象的那么困难呢？

小H：嗯嗯，我放下自己的心理包袱，本着解决问题的态度，大家也很开诚布公。我们还共同制定了宿舍的作息时间表、卫生值日表等，在我的提议下还建立了聚餐制度，大家都表示欢迎，我真的特别开心，谢谢您，让我的生活发生了变化。

辅导员：看到你的变化真的为你感到高兴！面对人际交往冲突，首先要接纳事实，然后处理情绪，再进一步就是要了解对方，争取求同存异，其实和导师的关系也是这样的。

小H：可是我真的不知道该如何跟导师沟通，我觉得他总是针对我。

辅导员：能举一些例子吗？

小H：嗯，比如开组会时批评我，让我在短时间内完成很难的一项科研任务，还有就是不让我出国。

辅导员：老师对于科研工作很严谨，是不是也不只针对你一个人呢？别的同学做得不够好的时候老师是不是也有批评过呢？

小H:嗯,好像确实也有,昨天还因为实验批评了我们组的大师姐。

辅导员:所以我们不能以偏概全,根据ABC理论,其实困扰你情绪的真实原因不在于导师批评你或是不让你出国这个事件上,而在于你自己对这件事的看法。你觉得是导师针对你,那么你刚才也提到其实导师也有批评过其他同学,所以是这种不合理的认知在困扰你。

小H:老师,通过您的分析我好像有些明白了。

辅导员:我们可以尝试通过改变自己的认知去改善情绪,在此基础上老师还要给你留一份作业,回去以后和一位同门师兄或师姐进行沟通,主动了解导师的处事和为人风格。

小H:好的老师。

第三次:感受变化,深入思考。

辅导员:这一周看上去状态更好了呢。

小H:是啊老师,按照作业要求,我和组里的一位师姐主动去沟通,聊过后发现原来我真的误会导师了。

辅导员:哦?

小H:师姐说进入研究生阶段,每个学生首先都要通过团队开展项目研究的形式进行学习,只有这样才会更快地成长。而且在一年以后,知识储备扎实了,能力也提升了,如果有同学想出国交流学习老师也会同意的,之前就有一个已经毕业的师兄出国交流过。

辅导员:看来你对导师更加了解了呢。

小H:哈哈,是啊,我还给自己加了一项作业呢。

辅导员:已经尝试去主动解决问题了。

小H:我用了您之前教我的方法,了解沟通后就去和导师谈判求同存异了。哈哈,其实就是去主动认错了,希望以后踏下心来好好跟老师学习。

辅导员:导师看到你的成长也会为你感到高兴的。

小H:嗯嗯,我发现改变了不合理认知,情绪也好起来了,人与人相处好像也没那么难了。

辅导员:在改变不合理认知的基础上,还要学会体察别人的情绪,试着从别人的角度考虑问题。比如导师对你们的严格要求是为了什么,我们都说严师出高徒,老师对于科学的严谨态度也正是我们需要学习的。

小H:老师,我明白了,谢谢您。

辅导员:能看到你的成长和变化老师也很开心呢,谢谢你的信任,跟老师分享了你的情绪和体验,也希望你在今后的人际交往中能够体察人际关系发生的微妙变化,真诚自信地走出自己的灿烂人生!

案例思考总结

第一,安慰与支持要适度。安慰、支持不能滥用,不能导致当事人产生依赖性。

第二,谈心谈话注重运用投情技术:

一是同情心、同理心,真的关心并愿意帮助当事人;

二是用心倾听,在交谈过程中用心去体会、感受当事人的内心世界,进入当事人的内心世界;

三是以语言准确地表达对当事人内心世界的理解;

四是引导当事人对自身感受作进一步的思考。

学会放下 才能更好地前行

——树立清醒的恋爱观

案例撰写人 孙霄薇

案例背景

小Z,女,大二年级本科生,因失恋情绪崩溃,多次在朋友圈发布负面内容并自述有轻生想法。

小Z自幼在单亲家庭中长大,家庭对其要求较为严格,希望她将大部分精力放在专业学习上,保研读博直到就业。小Z本人在长期压抑的环境下,对家庭产生抵触情绪,将个人情感全部寄托在两性关系上,认为前男友是唯一真正关心爱护她的人,是她的全部希望。两人交往期间,小Z对男友依赖度不断加深,要求其时刻陪伴在自己身边,还因为不想和男朋友分居两个校区,在专业分流时选择了自己不喜爱的专业。后男友认为谈恋爱牵扯了自身太多精力,因而提出分手。小Z因不愿分手产生情绪问题,引发心理危机。澄清情感问题症结后,辅导员开始有针对性地制定与该生的谈心谈话思路。

谈心谈话准备和思路

在谈心谈话正式开始前，辅导员查找该生入学时新生心理测评结果和在学期间的相关日常表现记录，经排查，该生并无相关异常，但存在敏感、多疑、以自我为中心、独立要强等性格特点。小Z因情感问题产生心理危机，诊断为应激性情感障碍。因此在准备环节，需特别注意应在该生情绪平稳的状态下进行谈心谈话。为了让该生尽快摆脱处在和男友充满回忆的学校创伤环境中，首次谈心谈话地点选在校外学生休息的宾馆中，环境相对温馨放松。且提前和该生较为熟悉信任的朋友小L进行谈话，提前告知其谈话内容，邀请其陪同，帮助小Z尽快放松自我，建立信任关系。

经初步评估，本次谈话计划分三个阶段(每周一次)开展。第一阶段，建立良好的咨询关系，在还原中不断澄清情感问题关键，进行解释性和支持性心理治疗。第二阶段，帮助该生建立适配的、有力的心理应激应对方式，探寻自我认同的恋爱观和交友观。第三阶段，追踪该生的动态，引导该生形成正确的恋爱观、世界观，帮助其重新树立自我认同，重新开启人生阶段。

谈心谈话过程

第一阶段，建立咨询关系，澄清问题关键，进行解释性和支持性心理治疗。

辅导员：小Z，首先特别感谢你的信任，愿意让我陪伴你度过这个“难关”，现在你感觉怎么样？情绪有没有好一点儿？

小Z：老师我现在冷静了，但是一想到分手我还是特别难过，不知道该怎么和您说……

辅导员：没关系的，分手心情难过是正常的，可是我有关注到你的朋友圈有很多负面情绪，会否定、怀疑自己，甚至会有一些轻生的念头。可以和老师具体说说，是什么让你产生了这样的想法吗？

小Z：老师，我是一个不配拥有爱的人。在我很小的时候，我的父母就分开了，分别建立了新的家庭，在家里除了外公外婆，没有人会真正关心我，他们只会关心我的成绩，让我做一个出类拔萃的人。在我迷茫消极时，是我的前男友给了我希望，他每天陪在我身边，我可以随意任性发脾气，但是他都会理解，我觉得他是唯一能解救我的人，可是现在……

辅导员：你们在一起多久了？为什么分开呢？

小Z：我们在一起三个月了，他比我大两届，他说我平时太粘人了，频繁约会让他没有时间准备考研和找工作，而且毕业后可能要异地，所以分手。可是我觉得我可以改，我可以变得温柔、体贴，只要他愿意和我在一起，我做什么都行。

辅导员：我明白了，从现实情况上来看，你们所处的环境和人生阶段不一样，在价值观选择上确实存在差异。有差异是很正常的，你需要接受并理性地看待这种差异。恋爱是双方共同的愿景，不是一方一厢情愿就可以的，你要客观地看待这件事。感情只是你生活的一部分，不是生活的全部，更不要因此就放弃一切，迷失了自己，要学会做自己感情的主人。

小Z若有所思，表示自己很赞同并可以尝试主动调整自身情感状态，相约观察一周后进行第二次谈话。

第二阶段，建立适配有力的应对方式，探寻自我认同的恋爱观和价值观。

小Z：老师，听了您的话我有意识地去尝试支配自己的情感，一开始还好，但每当我一个人独处，走到充满我们回忆的地方，我就不自觉难过，您有什么好的办法吗？

辅导员：老师很能理解你的感受，失恋确实需要时间帮助你慢慢走出来。或许你可以尝试采用学习转移或情感转移的方法，把目光拉回到自己学生的身份上。一方面，尽快探索一个适合自己的学涯目标，在自我的人生规划和未来目标上下功夫；另一方面，可以尝试加入一个属于自己的交友圈子，通过朋友、班级同学等来获得心灵上的赋能。

小Z：老师我觉得您说得很对，我原本就想着先好好学习，未来和我男朋友走，他考研去哪里我就去哪里。和他相比，我的成绩、学生工作都非常一般，我一直把向他看齐作为我的目标。现在我因为不想和男友跨校区，大类分流选择了自己不是很喜欢的专业，我特别后悔，您说我现在奋斗还有什么用？

辅导员：小Z，老师特别欣赏你刚刚所说的，能看到别人的优点并不断学习。

就像你说的，一段好的情感关系一定是会促进双方变得更好，为个人的发展做铺垫的。你自己也说比较后悔，那老师想你也认识到了，应该理性地看待恋爱与未来发展的关系，在恋爱中不仅要在乎对方的感受，而且要了解和尊重自己的感受，诚实地进行沟通，促进形成长期稳定的关系。

小Z：老师，那您说我现在该怎么做呢？

辅导员：现在咱们已经明晰了问题的关键。老师的建议是近期可以注意探索一下自己的恋爱观和生活目标。在探索时你会发现，自己是不是更需要寻找一位与自己价值观和目标相符合的恋爱对象？同时，也可以多多考虑自身的未来发展问题，可以从眼前的生活实际出发，定一个小目标写下来，下次我们来分享。这个目标可以跳出学业，比如围绕志愿服务、社团活动等去做一些之前想要尝试但没有尝试的群体活动，在过程中尝试思考规划自己的未来，下周我们继续讨论。对了，好像今天在操场就有社团的百团大战，感兴趣的话可以去转转。

小Z肯定地点了点头，眼神坚定有力量了。小Z写下本周的小目标是找到一个自己感兴趣的活动，并且一周内进行两次以上的群体活动。

第三阶段，追踪动态，引导学生树立正确的恋爱观、世界观，重新实现自我认同，开启人生新阶段。

辅导员：小Z来，请坐，最近感觉怎么样？我看最近你的朋友圈发了很多有意思的照片，可以和我分享一下吗？

小Z（面带笑容）：老师，我真的迫不及待和您分享了，上周从您办公室出来，我就去了学校的社团百团大战，加入了跑步协会。一开始我只是为了体育课的日常跑步要求，想着试着看看，但是慢慢地我参加了荧光夜跑、节日庆跑的活动，还有公益晨跑，每跑一公里都会为山区的小朋友们积累教育物资和梦想基金，我觉得特别有意义，而且脑子里也不会想感情的事儿了。

辅导员：特别好，说明你已经慢慢放下了，能坚持做并看到活动背后的意义真的太棒了，活动去了几次？有什么印象深刻的事吗？

小Z：说来惭愧，到月末了我的跑步里程还没达到日常要求，所以我这周去了四次，不过我也很幸运，这几次都遇到了很好的同学。印象深刻的还是第一次团建，我站在最角落里，练习压腿需要两人一组我就很无措，但是有一位学姐发现了我，主动和我成组，我特别感谢她。

辅导员：没关系的，我认为，不管是什么原因，你能主动参与集体活动就迈出了很重要的一步，这是很不容易的。而且小Z你想一想，是不是从某种程度来讲也是因为有你在，学姐才没有落单呢？你看，是不是有一些情感需求除了男女两性关系外，友谊也能为你提供情绪价值呢？像你和学姐的认识也是一种缘分，后来有和学姐做朋友吗？

小Z：老师您说得对，说起来真的很巧，学姐性格很外向，而且是我的直系学姐，我们在一起时我完全忘却了其他的事，围绕学业和生活聊了很多。而且也是因为她介绍我参加了一对一和西部小朋友结对子的书信交流活动，我发现我很喜欢这种感觉，小朋友很可爱，在文字里我更能直面自己的内心，做最真实的自己。

辅导员：我发现你似乎是一个很喜欢小朋友的人，喜爱用文字表达自己的内心，能感觉到你的心思比较细腻，渴望通过自己的努力力所能及地帮助他人，是这样的吗？

小Z：老师，我确实像您说的这样，其实我喜欢和别人交流，只是我不知道该怎么去做，但是和小朋友交流我会觉得很自由，很放松。但是我这周也在思考未来发展问题，我所学专业是文科，您说我怎么把自己专业所学、兴趣和自己的未来发展相结合呢？

辅导员：小Z你能在低年级的时候就开始有生涯探索的意识特别好，我觉得你现在已经找到了自己努力的方向了。作为文科生，你可以用文字、用语言、用行动去影响另一个人，如果喜欢小朋友，可以考虑尝试从事和教育相关的工作，这是一个很伟大的职业甚至可以说是事业。在现阶段，还是要努力学习专业知识，课余时间可以尝试去做个家庭教师，或者加入一些公益组织，定期进行西部支教等活动，在实践中充分进行自我探索，看看是不是和自己的预期匹配，再做下一步的行动。

小Z：老师，谢谢您的建议，我感觉眼前一下就明朗了，经历了这周我也感觉还有很多有意义的事情可以做，学习也不是我唯一的追求，接下来我会努力多做一些尝试，如果遇到问题我还可以经常找您吗？

辅导员:非常欢迎,也希望能听到你的更多好消息。

小Z:好的老师,真的非常感谢您。

案例思考总结

该案例是学生因失恋产生应激性心理问题,导致出现危机事件,该生情况能得到及时、顺利的解决,得益于辅导员前期良好师生关系的建立、事件发生中期的及时发现和解决,以及后期的追踪疏导,现总结如下。

事件发生前期,重视学生心理问题,制定心理危机预防与干预实施方案。辅导员在日常工作中应重视通过进宿舍、进课堂等方式深入了解学生,及时掌握学生动态,和学生建立相互信任的感情联结。当出现危机事件后启动干预方案,立刻安排同宿舍人员或学生骨干做好陪伴,辅导员第一时间到达现场,初步评估学生的情况危机程度并向上级汇报,争取获得心理医生、保卫人员、家长等多方支持。

事件发生中期,开展一对一谈心谈话,了解澄清学生的心理、行为情况,积极、无条件地接纳学生,为学生提供心理援助。同时根据问题关键,进行引导和支持性心理治疗,重新建构学生自我认同感。该案例中澄清小Z的核心关键是其缺乏亲朋关爱,因失恋产生严重自我怀疑、自我否定、未来无意义的负面心理问题,恋爱观和世界观扭曲,属于复发性的情绪危机,评估需要较长时间的干预。在谈话中要特别注意对该生进行肯定,引导其明确自我认同并非来源于他人的关爱和肯定,而是源于自信,教育引导学生树立正确的恋爱观。谈话中应做好倾听,寻找学生积极正向的突破点(如小Z对体育活动的热爱),从小切口帮助其从应激事件中逐渐脱离出来,重燃生活的希望。

事件发生后期,追踪动态,安排专人做好看护,争取家校医联合,持续进行心理帮扶和干预。一方面,该生虽通过参与体育社团活动,结交新朋友等在一定程度上疏解了情感问题,但由于该生诊断为应激性心理问题,且可能存在反复情况,所以要安排专人持续关注,进一步和家长密切联系,避免再次出现危机事件。另一方面,要持续开展谈心谈话,跟踪学生动态,引导学生不逃避、勇敢面对并妥善处理感情问题,寻找自己的人生价值和人生目标,树立正确的感情观和价值观。